dtv

Dieses Buch enthält acht Erzählungen britischer Autorinnen von Virginia Woolf bis heute: Bilder aus der wirklichen und erträumten Befindlichkeit britischer Frauen, vor dem Hintergrund der britischen Wirklichkeit in Zeitgeschichte und Gegenwart. Es sind Meisterstücke ihrer Gattung, teils einnehmend, teils irritierend, teils umwerfend. Sie zeigen

– Kleine-Mädchen-Irritationen
– Junge-Mädchen-Verfänglichkeiten
– liebevolles & erbittertes Mutter-Tochter-Gerangel
– nettes vernünftiges modernes Familienleben
– Karrierefrau-Brillanz (über wunde Punkte hinweg)
– Charmante-alte-Damen-Kriminalität
– Grenzgängerei zwischen Dasein und Wo-anders-sein
– und natürlich diverse Anwandlungen männlicherseits.

Dem englischen Text steht in Paralleldruck eine deutsche Übersetzung gegenüber.

Dreams of Dead Women's Handbags
Handtaschenträume

Erzählungen britischer Autorinnen

Auswahl und Übersetzung von Stefanie Lotz

Deutscher Taschenbuch Verlag

dtv zweisprachig · Edition Langewiesche-Brandt
herausgegeben von Kristof Wachinger

Deutsche Erstausgabe / Neuübersetzung
1. Auflage Juni 2000
Copyright-Nachweise Seite 206 ff.

www.dtv.de
Umschlagkonzept: Balk & Brumshagen
Umschlagbild: «Three Figures» von Jessie Etchwells (1911)
Satz: W Design, Höchstädt (Ofr.)
Gesamtherstellung: Kösel, Kempten (www.KoeselBuch.de)
Gedruckt auf säurefreiem, chlorfrei gebleichtem Papier
ISBN 3-423-09392-7. Printed in Germany

Virginia Woolf: The Searchlight

The mansion of the eighteenth century Earl had been changed in the twentieth century into a Club. And it was pleasant after dining in the great room with the pillars and the chandeliers under a glare of light to go out on to the balcony overlooking the Park. The trees were in full leaf, and had there been a moon, one could have seen the pink and cream coloured cockades on the chestnut trees. But it was a moonless night; very warm, after a fine summer's day.

Mr and Mrs Ivimey's party were drinking coffee and smoking on the balcony. As if to relieve them from the need of talking, to entertain them without any effort on their part, rods of light wheeled across the sky. It was peace then; the air force was practising; searching for enemy aircraft in the sky. After pausing to prod some suspected spot, the light wheeled, like the wings of a windmill, or again like the antennae of some prodigious insect and revealed here a cadaverous stone front; here a chestnut tree with all its blossoms riding; and then suddenly the light struck straight at the balcony, and for a second a bright disc shone – perhaps it was a mirror in a lady's hand-bag.

"Look!" Mrs Ivimey exclaimed.

The light passed. They were in darkness again.

"You'll never guess what that made me see!" she added. Naturally, they guessed.

"No, no, no," she protested. Nobody could guess; only she knew; only she could know, because she was the great-grand-daughter of the

Virginia Woolf: Der Suchscheinwerfer

Das gräfliche Herrenhaus aus dem achtzehnten Jahrhundert war im zwanzigsten Jahrhundert in einen Club verwandelt worden. Und wenn man in dem großen Saal mit den Säulen im funkelnden Licht der Kronleuchter diniert hatte, war es angenehm, auf den Balkon zu treten, von dem aus man den Park überblicken konnte. Die Bäume standen in vollem Laub, und hätte der Mond geschienen, so wären die rosaroten und crémefarbenen Kokarden auf den Kastanienbäumen zu sehen gewesen. Aber es war eine mondlose Nacht; sehr warm, nach einem schönen Sommertag.

Mr und Mrs Ivimeys Abendgesellschaft trank Kaffee und rauchte auf dem Balkon. Als ob sie von der Notwendigkeit, miteinander reden zu müssen, befreit, das heißt: ohne eigenes Zutun unterhalten werden sollten, kreisten Lichtstäbe über den Himmel. Es war damals Frieden; die Luftwaffe übte, suchte feindliche Flugzeuge am Himmel. Nach einem Innehalten, um an einem verdächtigen Punkt nachzustochern, drehte sich das Licht wie die Räder einer Windmühle, oder wieder wie die Fühler eines wundersamen Insekts und enthüllte hier eine leichenblasse Steinfassade, dort einen Kastanienbaum, dessen Blüten auf ihm zu reiten schienen, und dann plötzlich strahlte das Licht unmittelbar auf den Balkon, und für eine Sekunde leuchtete eine helle Scheibe auf – vielleicht war es ein Spiegel in der Handtasche einer Dame.

«Sehen Sie!», rief Mrs Ivimey.

Das Licht streifte vorbei. Sie befanden sich wieder im Dunkeln.

«Sie werden niemals erraten, was ich eben gesehen habe!» fügte sie hinzu. Natürlich fingen alle an zu raten.

«Nein, nein, nein», widersprach sie. Niemand konnte darauf kommen; nur sie wusste es; nur sie konnte es wissen, weil sie die Urenkelin des Mannes selbst war. Er hatte

man himself. He had told her the story. What story? If they liked, she would try to tell it. There was still time before the play.

"But where do I begin?" she pondered. "In the year 1820?... It must have been about then that my great-grandfather was a boy. "I'm not young myself," – no, but she was very well set up and handsome – "and he was a very old man when I was a child – when he told me the story. A very handsome old man," she explained, "with a shock of white hair, and blue eyes. He must have been a beautiful boy. But queer... That was only natural – seeing how they lived. The name was Comber. They'd come down in the world. They'd been gentlefolk; they'd owned land up in Yorkshire. But when he was a boy only the tower was left. The house was nothing but a little farmhouse, standing in the middle of the fields. We broke in about ten years ago. We had to leave the car and walk across the fields. There isn't any road to the house. It stands all alone, the grass grows right up to the gate... there were chickens pecking about, running in and out of the rooms. All gone to rack and ruin. I remember a stone fell from the tower suddenly." She paused. "There they lived," she went on, "the old man, the woman and the boy. She wasn't his wife, or the boy's mother. She was just a farm hand, a girl the old man had taken to live with him when his wife died. Another reason perhaps why nobody visited them – why the whole place was gone to rack and ruin. But I remember a coat of arms over the door; and books, old books, gone mouldy. He taught himself all he knew from books. He read and read, he told me, old books, books with maps

ihr die Geschichte erzählt. Welche Geschichte? Wenn sie mochten, würde sie versuchen, sie zu erzählen. Es war noch Zeit, bis das Theaterstück begann.

«Aber wo fange ich an?» überlegte sie. «Im Jahr 1820? ... Es muss um diese Zeit gewesen sein, als mein Urgroßvater ein Junge war. «Ich selber bin nicht jung» – nein, aber sie hatte eine sehr aufrechte Haltung und war attraktiv –, «und er war ein sehr alter Mann, als ich ein Kind war – als er mir die Geschichte erzählte. Ein sehr eindrucksvoller alter Mann», erklärte sie, «mit einem weißen Haarschopf und blauen Augen. Er muss ein hübscher Junge gewesen sein. Aber seltsam... Das war nur natürlich – wenn man bedenkt, wie sie lebten. Der Name war Comber. Sie hatten bessere Tage gesehen. Sie waren vornehme Leute gewesen; sie hatten Ländereien oben in Yorkshire besessen. Aber als er ein Junge war, war davon nur noch der Turm übrig. Das Haus war nichts anderes als ein kleiner Bauernhof, der mitten in den Feldern stand. Wir sind vor etwa zehn Jahren dort eingebrochen. Wir mussten das Auto zurücklassen und über die Felder laufen. Es gibt keine Straße zum Haus. Es steht ganz frei, das Gras wächst bis zum Tor... ringsherum pickten Hühner, rannten in die Zimmer hinein und wieder hinaus. Alles war völlig heruntergekommen. Ich erinnere mich, dass plötzlich ein Ziegel vom Turm fiel.» Sie hielt inne. «Da lebten sie», fuhr sie fort, «der alte Mann, die Frau und der Junge. Sie war nicht seine Ehefrau, und auch nicht die Mutter des Jungen. Sie war eine Magd, ein Mädchen, das der alte Mann bei sich aufgenommen hatte, nachdem seine Frau gestorben war. Ein weiterer Grund vielleicht, weshalb niemand sie besuchte – weshalb das ganze Anwesen heruntergekommen war. Aber ich erinnere mich an ein Wappen über der Tür; und Bücher, alte Bücher, die angeschimmelt waren. Er hatte sich alles, was er wusste, aus Büchern beigebracht. Er las und las, so erzählte er mir,

hanging out from the pages. He dragged them up to the top of the tower – the rope's still there and the broken steps. There's a chair still in the window with the bottom fallen out; and the window swinging open, and the panes broken, and a view for miles and miles across the moors."

She paused as if she were up in the tower looking from the window that swung open.

"But we couldn't," she said, "find the telescope." In the dining-room behind them the clatter of plates grew louder. But Mrs Ivimey on the balcony seemed puzzled, because she could not find the telescope.

"Why a telescope?" someone asked her.

"Why? Because if there hadn't been a telescope," she laughed, "I shouldn't be sitting here now!"

And certainly she was sitting there now, a well set-up middle-aged woman with something blue over her shoulders.

"It must have been there," she resumed, "because, he told me, every night when the old people had gone to bed he sat at the window looking through the telescope at the stars. Jupiter, Aldebaran, Cassiopeia." She waved her hand at the stars that were beginning to show over the trees. It was growing darker. And the searchlight seemed brighter, sweeping across the sky, pausing here and there to stare at the stars.

"There they were," she went on, "the stars. And he asked himself, my great-grandfather – the boy, 'What are they? Why are they? And who am I?' as one does, sitting alone, with no one to talk to, looking at the stars."

She was silent. They all looked at the stars that

alte Bücher; Bücher, aus deren Seiten Landkarten heraushingen. Er schleppte sie bis oben in den Turm hinauf – das Seil gibt es noch immer und die zerbrochenen Stufen. Unter dem Fenster steht noch immer ein Stuhl mit herausgebrochener Sitzfläche, das Fenster schlägt auf und zu; die Scheiben sind zerschlagen, und man hat einen meilenweiten Ausblick über das Moor.»

Sie hielt an, als ob sie sich oben im Turm befände und aus dem auf und zu schlagenden Fenster schaute.

«Aber wir konnten», sagte sie, «das Fernrohr nicht finden.» Im Speisezimmer hinter ihnen wurde das Klappern von Tellern lauter. Aber Mrs Ivimey auf dem Balkon schien verwundert, dass sie das Fernrohr nicht finden konnte.

«Warum ein Fernrohr?» fragte sie jemand.

«Warum? Weil ich, wenn es kein Fernohr gegeben hätte», lachte sie, «jetzt nicht hier säße!»

Und mit Sicherheit saß sie jetzt hier, eine aufrechte Frau mittleren Alters mit etwas Blauem um die Schultern.

«Es muss da gewesen sein», fuhr sie fort, «weil er, so erzählte er mir, jede Nacht, wenn die alten Leute zu Bett gegangen waren, am Fenster saß und durch das Fernrohr die Sterne betrachtete. Jupiter, Aldebaran, Cassiopeia.» Sie winkte mit der Hand nach den Sternen, die sich allmählich über den Bäumen zeigten. Es wurde dunkler. Und der Suchscheinwerfer sah heller aus, wie er über den Himmel fegte, einmal hier und einmal dort anhaltend, um die Sterne anzustarren.

«Da waren sie also», erzählte sie weiter, «die Sterne. Und er fragte sich, mein Urgroßvater – der Junge, ‹Was sind sie? Warum gibt es sie? Und wer bin ich?›, was man sich so fragt, wenn man alleine dasitzt, ohne jemanden zum Reden zu haben, und die Sterne betrachtet.»

Sie schwieg. Alle betrachteten die Sterne, die aus der

were coming out in the darkness over the trees. The stars seemed very permanent, very unchanging. The roar of London sank away. A hundred years seemed nothing. They felt that the boy was looking at the stars with them. They seemed to be with him, in the tower, looking out over the moors at the stars.

Then a voice behind them said:

"Right you are. Friday."

They all turned, shifted, felt dropped down on to the balcony again.

"'Right you are – Friday –' Ah, but there was nobody to say that to him," she murmured. The couple rose and walked away.

"He was alone," she resumed. "It was a fine summer's day. A June day. One of those perfect summer days when everything seems to stand still in the heat. There were the chickens pecking in the farm-yard; the old horse stamping in the stable; the old man dozing over his glass. The woman scouring pails in the scullery. Perhaps a stone fell from the tower. It seemed as if the day would never end. And he had no one to talk to – nothing whatever to do. He went up to his Tower. The whole world stretched before him. The moor rising and falling; the sky meeting the moor; green and blue, green and blue, for ever and ever."

In the half light, they could see that Mrs Ivimey was leaning over the balcony, with her chin propped on her hands, as if she were looking out over the moors from the top of a tower.

"Nothing but moor and sky, moor and sky, for ever and ever," she murmured.

Then she made a movement, as if she swung something into position.

Dunkelheit über den Bäumen hervortraten. Die Sterne schienen sehr dauerhaft, sehr unveränderlich. Der Lärm Londons versank. Hundert Jahre bedeuteten nichts. Sie spürten, dass der Junge zusammen mit ihnen die Sterne betrachtete. Es schien, dass sie bei ihm waren, im Turm, und über das Moor hinweg die Sterne anschauten.

Dann sagte eine Stimme hinter ihnen:

«Recht hast du. Freitag.»

Alle drehten sich um, verlagerten ihr Gewicht, fühlten sich wieder auf den Balkon zurück geworfen.

«‹Recht hast du – Freitag –› Ach, aber es gab niemanden, der das zu ihm hätte sagen können», murmelte sie. Das Paar stand auf und ging weg.

«Er war alleine», fuhr sie fort. «Es war ein schöner Sommertag. Ein Junitag. Einer dieser vollkommenen Sommertage, wenn alles in der Hitze still zu stehen scheint. Die Hühner pickten im Gutshof herum; das alte Pferd stampfte im Stall; der alte Mann döste über seinem Glas; die alte Frau scheuerte Kübel in der Spülküche. Vielleicht fiel ein Ziegel vom Turm. Es schien, als wollte der Tag nie enden. Und er hatte niemanden zum Reden – überhaupt nichts zu tun. Er lief in seinen Turm hinauf. Die ganze Welt breitete sich vor ihm aus. Das Moor, wie es sich hob und senkte; der Himmel, wie er dem Moor begegnete; grün und blau, grün und blau, für immer und ewig.»

Im Halblicht konnten sie sehen, dass Mrs Ivimey sich über den Balkon beugte, das Kinn auf die Hände gestützt, als ob sie von einer Turmspitze über die Moorlandschaft schaute.

«Nichts als das Moor und der Himmel, das Moor und der Himmel, für immer und ewig», murmelte sie.

Dann machte sie eine Bewegung, als ob sie etwas in Position rückte.

"But what did the earth look like through the telescope?" she asked.

She made another quick little movement with her fingers as if she were twirling something.

"He focussed it," she said. "He focussed it upon the earth. He focussed it upon a dark mass of wood upon the horizon. He focussed it so that he could see... each tree... each tree separate... and the birds... rising and falling... and a stem of smoke... there... in the midst of the trees.... And then... lower... lower... (she lowered her eyes) ... there was a house... a house among the trees... a farm house... every brick showed... and the tubs on either side of the door... with flowers in them blue, pink, hydrangeas perhaps..." She paused... "And then a girl came out of the house... wearing something blue upon her head... and stood there... feeding birds... pigeons... they came fluttering round her.... And then... look.... A man.... A man! He came round the corner. He seized her in his arms! They kissed ... they kissed!"

Mrs Ivimey opened her arms and closed them as if she were kissing someone.

"It was the first time he had seen a man kiss a woman – in his telescope – miles and miles away across the moors!"

She thrust something from her – the telescope presumably. She sat upright.

"So he ran down the stairs. He ran through the fields. He ran down lanes, out upon the high road, through woods. He ran for miles and miles, and just when the stars were showing above the trees he reached the house... covered with dust, streaming with sweat...."

« Aber wie sah die Erde durch das Fernrohr aus? » fragte sie.

Sie machte eine weitere schnelle kleine Bewegung mit den Fingern, als ob sie an etwas herumdrehte.

« Er stellte es scharf », sagte sie. « Er richtete es auf die Erde. Er richtete es auf eine dunkle Waldstelle am Horizont. Er stellte es scharf, so dass er jeden Baum sehen konnte... jeden einzelnen Baum... und die Vögel..., die auf- und abstiegen... und eine Rauchfahne... da... inmitten der Bäume... Und dann... tiefer... tiefer... (sie senkte die Augen)... da war ein Haus... ein Haus inmitten der Bäume... ein Bauernhaus... jeder Ziegelstein war zu sehen... und die Kübel auf beiden Seiten der Tür... mit Blumen darinnen, blauen, rosafarbenen, vielleicht Hortensien... » Sie hielt an... « Und dann kam ein Mädchen aus dem Haus... sie trug etwas Blaues auf ihrem Kopf... und stand dort... fütterte die Vögel... Tauben... sie flatterten um sie herum... Und dann... schauen Sie ... Ein Mann... Ein Mann! Er kam um die Ecke. Er nahm sie in die Arme! Sie küssten sich... sie küssten sich! »

Mrs Ivimey öffnete ihre Arme und schloss sie, als ob sie jemanden küsste.

« Es war das erste Mal, dass er gesehen hatte, wie ein Mann eine Frau küsst – durch sein Fernrohr – meilenweit weg im Moor! »

Sie warf etwas von sich weg – das Fernrohr vermutlich. Sie saß aufrecht.

« Also rannte er die Stufen hinunter. Er rannte über die Felder. Er rannte Feldwege entlang, hinaus auf die Straße, durch die Wälder. Er rannte meilenweit, und erst als die Sterne sich über den Bäumen zeigten, erreichte er das Haus... staubbedeckt, schweißüberströmt... »

She stopped, as if she saw him.

"And then, and then... what did he do then? What did he say? And the girl..." they pressed her.

A shaft of light fell upon Mrs Ivimey as if someone had focussed the lens of a telescope upon her. (It was the air force, looking for enemy air craft.) She had risen. She had something blue on her head. She had raised her hand, as if she stood in a doorway, amazed.

"Oh the girl... She was my –" she hesitated, as if she were about to say 'myself'. But she remembered; and corrected herself. "She was my great-grandmother," she said.

She turned to look for her cloak. It was on a chair behind her.

"But tell us – what about the other man, the man who came round the corner?" they asked.

"That man? That man," Mrs Ivimey murmured, stooping to fumble with her cloak, (the searchlight had left the balcony), "he, I suppose, vanished."

"The light," she added, gathering her things about her, "only falls here and there."

The searchlight had passed on. It was now focussed on the plain expanse of Buckingham Palace. And it was time they went on to the play.

Sie hielt an, als ob sie ihn sehen könnte.

«Und dann, und dann... was tat er dann? Was sagte er dann? Und das Mädchen...», sie redeten auf sie ein.

Ein Lichtstrahl fiel auf Mrs Ivimey, als ob jemand die Linse eines Fernrohrs auf sie gerichtet hätte. (Es war die Luftwaffe, die nach feindlichen Flugzeugen Ausschau hielt.) Sie war aufgestanden. Sie trug etwas Blaues auf dem Kopf. Sie hatte die Arme erhoben, als ob sie im Türpfosten stünde, erstaunt.

«Oh, das Mädchen... Das war...», sie zögerte, als ob sie sagen wollte ‹ich selbst›. Aber sie erinnerte sich und verbesserte sich. «Das war meine Urgroßmutter», sagte sie.

Sie wandte sich nach ihrem Mantel um. Er lag auf dem Stuhl hinter ihr.

«Aber erzählen Sie uns – was war mit dem anderen Mann, dem Mann, der um die Ecke gekommen war?» baten sie.

«Dem Mann? Der Mann», murmelte Mrs Ivimey, bückte sich und fingerte an ihrem Umhang herum, (der Suchscheinwerfer hatte sich vom Balkon abgewandt), «der ist, so vermute ich, verschwunden.»

«Das Licht», fügte sie hinzu und packte ihre Sachen zusammen, «leuchtet nur hier und da.»

Der Suchscheinwerfer war weiter gestreift. Er war nun auf die ebene freie Fläche vor Buckingham Palace gerichtet. Und es wurde Zeit, dass sie ins Theater gingen.

Jean Rhys: Illusion

Miss Bruce was quite an old inhabitant of the Quarter. For seven years she had lived there, in a little studio up five flights of stairs. She had painted portraits, exhibited occasionally at the Salon. She had even sold a picture sometimes – a remarkable achievement for Montparnasse, but possible, for I believe she was just clever enough and not too clever, though I am no judge of these matters.

She was a tall, thin woman, with large bones and hands and feet. One thought of her as a shining example of what character and training – British character and training – can do. After seven years in Paris she appeared utterly untouched, utterly unaffected, by anything hectic, slightly exotic or unwholesome. Going on all the time all round her were the cult of beauty and the worship of physical love: she just looked at her surroundings in her healthy, sensible way, and then dismissed them from her thoughts... rather like some sturdy rock with impotent blue waves washing round it.

When pretty women passed her in the streets or sat near her in restaurants – La Femme, exquisitely perfumed and painted, feline, loved – she would look appraisingly with the artist's eye, and make a suitably critical remark. She exhibited no tinge of curiosity or envy. As for the others, the petites femmes, anxiously consulting the mirrors of their bags, anxiously and searchingly looking round with darkened eyelids: "Those unfortunate people!" would say Miss Bruce. Not in a hard way, but broad-mindedly, breezily: indeed with a thor-

Jean Rhys: Illusion

Miss Bruce wohnte schon recht lange in diesem Viertel. Seit sieben Jahren lebte sie dort, in einem kleinen Atelier im fünften Stock. Sie malte Porträts, die gelegentlich im Salon ausgestellt wurden. Sie hatte sogar schon das eine oder andere Bild verkauft – ein bemerkenswerter Erfolg für Montparnasse, aber so etwas kam vor, denn ich glaube, dass sie gerade gewitzt genug, aber auch nicht zu gewitzt war. Allerdings kann ich mir in diesen Angelegenheiten kein Urteil erlauben.

Sie war eine hochgewachsene, schlanke Frau von kräftigem Wuchs mit großen Händen und Füßen. Man hielt sie für ein leuchtendes Beispiel, was Charakter und Erziehung – britischer Charakter und britische Erziehung – bewerkstelligen konnten. Nach sieben Jahren in Paris erschien sie völlig unberührt, völlig unbeeinflusst, von jeglicher Hektik, allem Fremden oder gar Schädlichem. Unentwegt ging es in ihren Kreisen um die Anbetung der Schönheit und den Kult der körperlichen Liebe. Sie aber betrachtete das, was sie umgab, mit ihrer gesunden, vernünftigen Einstellung und verscheuchte es dann aus ihren Gedanken... ganz wie ein massiver Fels, den schwache blaue Wellen umspülen.

Wenn ihr attraktive Frauen auf der Straße begegneten oder im Restaurant in ihrer Nähe saßen – La Femme, erlesen parfümiert und geschminkt, katzenartig und begehrt – betrachtete sie sie mit dem prüfenden Blick der Künstlerin und machte eine passende kritische Bemerkung. Sie zeigte keinen Anflug von Neugier oder Neid. Im Falle der anderen, der Petites Femmes, die unsicher die Spiegel in ihren Taschen befragten und unruhig und suchend mit dunklen Augenlidern um sich blickten, sagte Miss Bruce: «Diese unglückseligen Geschöpfe!» Nicht auf eine ungnädige Weise, sondern wohlwollend und entschieden, ja geradezu im

oughly gentlemanly intonation... These unfortunate little people!

She always wore a neat serge dress in the summer and a neat tweed costume in the winter, brown shoes with low heels and cotton stockings. When she was going to parties she put on a black gown of crepe de chine, just well enough cut, not extravagantly pretty.

In fact Miss Bruce was an exceedingly nice woman.

She powdered her nose as a concession to Paris; the rest of her face shone, beautifully washed, in the sunlight or the electric light as the case might be, with here and there a few rather lovable freckles.

She had, of course, like most of the English and American artists in Paris, a private income – a respectably large one, I believe. She knew most people and was intimate with nobody. We had been dining and lunching together, now and then, for two years, yet I only knew the outside of Miss Bruce – the cool, sensible, tidy English outside.

*

Well, we had an appointment on a hot, sunny afternoon, and I arrived to see her about three o'-clock. I was met by a very perturbed concierge.

Mademoiselle had been in bed just one day, and, suddenly, last night about eight o'clock the pain had become terrible. The femme de menage, "Mame" Pichon, who had stayed all day and she, the concierge, had consulted anxiously, had fetched a doctor and, at his recommendation, had had her conveyed to the English Hospital in an ambulance.

Tonfall eines Gentleman... Diese unglückseligen kleinen Geschöpfe!

Den Sommer über trug sie immer ein schlichtes Sergekleid und im Winter ein einfaches Tweedkostüm, braune Schuhe mit flachen Absätzen und Baumwollstrümpfe. Wenn sie zu einer Einladung ging, zog sie ein schwarzes Kleid aus Crêpe de Chine an, das recht gut geschnitten, aber nicht außergewöhnlich schön war.

Miss Bruce war in der Tat eine ausgesprochen angenehme Frau.

Sie puderte ihre Nase als Zugeständnis an Paris, während ihr übriges Gesicht, gründlich gereinigt, im Sonnenschein oder, je nach Gelegenheit, im elektrischen Licht glänzte. Hier und da zeigten sich einige sehr liebenswerte Sommersprossen.

Natürlich hatte sie, wie die meisten der englischen und amerikanischen Künstler in Paris, ein eigenes Einkommen – ich vermute: ein sehr respektables. Sie kannte die meisten Leute, war aber mit niemandem enger vertraut. Zwei Jahre lang hatten wir uns ab und an zum Dinner oder Lunch getroffen. Doch ich kannte nur die äußere Miss Bruce – ihr kühles vernünftiges ordentliches englisches Äußeres.

*

Nun waren wir an einem heißen, sonnigen Nachmittag verabredet, und ich kam bei ihr gegen drei Uhr an. Ich traf auf eine völlig verstörte Concierge.

Mademoiselle war nur einen Tag im Bett geblieben, als plötzlich, in der Nacht zuvor, gegen acht Uhr, die Schmerzen unerträglich geworden waren. Die Femme de Ménage, ‹Mame› Pichon, die den ganzen Tag bei ihr geblieben war, und sie, die Concierge, hatten sich ängstlich beraten, einen Arzt kommen lassen, und sie auf seine Empfehlung hin mit einem Krankenwagen ins Englische Krankenhaus bringen lassen.

"She took nothing with her," said the femme de menage, a thin and voluble woman. "Nothing at all, pauvre Mademoiselle." If Madame – that was me – would give herself the trouble to come up to the studio, here were the keys. I followed Mme. Pichon up the stairs. I must go at once to Miss Bruce and take her some things. She must at least have nightgowns and a comb and brush.

"The keys of the wardrobe of Mademoiselle," said Mme. Pichon insinuatingly, and with rather a queer sidelong look at me, "are in this small drawer. Ah, les voila!"

I thanked her with a dismissing manner. Mme. Pichon was not a favourite of mine, and with firmness I watched her walk slowly to the door, try to start a conversation, and then, very reluctantly, disappear. Then I turned to the wardrobe – a big, square, solid piece of old, dark furniture, suited for the square and solid coats and skirts of Miss Bruce. Indeed, most of her furniture was big and square. Some strain in her made her value solidity and worth more than grace or fantasies. It was difficult to turn the large key, but I managed it at last.

"Good Lord!" I remarked out loud. Then, being very much surprised I sat down on a chair and said: "Well, what a funny girl!"

For Miss Bruce's wardrobe when one opened it was a glow of colour, a riot of soft silks... a... everything that one did not expect.

In the middle, hanging in the place of honour, was an evening dress of a very beautiful shade of old gold; near it another of flame colour; of two black dresses the one was touched with silver, the other with a jaunty embroidery of emerald and

« Sie hat nichts mitgenommen », sagte die Femme de Ménage, eine dünne und redselige Frau. « Ganz und gar nichts, arme Mademoiselle. » Wenn Madame – das war ich – sich die Mühe machen wollte, hinauf ins Atelier zu kommen, da seien die Schlüssel. Ich folgte Mme Pichon die Treppe hinauf. Ich sollte umgehend Miss Bruce besuchen und ihr ein paar Sachen mitbringen. Sie bräuchte zumindest Nachthemden, einen Kamm und eine Bürste.

« Die Schlüssel zum Kleiderschrank von Mademoiselle », sagte Mme Pichon andeutungsvoll und mit einem sehr seltsamen Seitenblick auf mich, « sind in dieser kleinen Kommode. Ah, les voilà ! »

Ich dankte ihr mit einer verabschiedenden Geste. Ich mochte Mme Pichon nicht sonderlich und beobachtete mit festem Blick, wie sie sich langsam zur Tür begab, dabei versuchte, ein Gespräch zu beginnen, und dann sehr widerstrebend verschwand. Nun wandte ich mich dem Schrank zu – einem großen eckigen soliden alten dunklen Möbelstück, das zu den eckigen und soliden Mänteln und Röcken von Miss Bruce passte. Tatsächlich waren fast alle ihre Möbel groß und eckig. Einer ihrer Grundsätze ließ sie Solidität und Wert höher schätzen als Grazie oder Schnick-Schnack. Der große Schlüssel war schwer zu drehen, aber schließlich gelang es mir.

« Großer Gott », entfuhr es mir laut. Dann, vor lauter Überraschung, ließ ich mich auf einen Stuhl fallen und sagte : « Tja, was für ein seltsames Mädchen ! »

Denn Miss Bruces Schrank war, öffnete man ihn, ein einziges Farbgeglitzer, eine Orgie von sanfter Seide... ein.... alles, was man nicht erwartete.

In der Mitte, am Ehrenplatz, hing ein Abendkleid in einem sehr schönen altgoldenen Ton, daneben ein feuerrotes; von zwei schwarzen Kleidern war eines mit Silber bestickt, das andere zeigte eine elegante Stickerei in Smaragdgrün und Blau. Es hingen dort – ein schwarz und weiß kariertes

blue; there were – a black and white check with a jaunty belt, a flowered crepe de chine, positively flowered! – then a carnival costume complete with mask, then a huddle, a positive huddle of all colours, of all stuffs.

For one instant I thought of kleptomania, and dismissed the idea. Dresses for models, then? Absurd! Who would spend thousands of francs on dresses for models... No nightgowns here, in any case.

As I looked, hesitating, I saw in the corner a box without a lid. It contained a neat little range of smaller boxes: Rouge Fascination; Rouge Mandarine; Rouge Andalouse; several powders; kohl for the eyelids and paint for the eyelashes – an outfit for a budding Manon Lescaut. Nothing was missing: there were scents too.

I shut the door hastily. I had no business to look or to guess. But I guessed. I knew. Whilst I opened the other half of the wardrobe and searched the shelves for nightgowns I knew it all: Miss Bruce, passing by a shop, with the perpetual hunger to be beautiful and that thirst to be loved which is the real curse of Eve, well hidden under her neat dress, more or less stifled, more or less unrecognized.

Miss Bruce had seen a dress and had suddenly thought: In that dress perhaps... And, immediately afterwards: Why not? And had entered the shop, and, blushing slightly, had asked the price. That had been the first time: an accident, an impulse.

The dress must have been disappointing, yet beautiful enough, becoming enough to lure her on. Then must have begun the search for the dress,

mit einem filigranen Gürtel, ein geblümtes aus Crêpe de Chine, wirklich geblümt! – dann ein Karnevalskostüm komplett mit Maske – ein Wirrwarr, ein völliger Wirrwarr aus allen Farben und Stoffen.

Für einen Augenblick dachte ich an Kleptomanie, aber ich verwarf den Gedanken. Kleider für Modelle vielleicht? Absurd! Wer würde schon Tausende Francs für Kleider ausgeben, die Modelle tragen sollten... Jedenfalls weit und breit keine Nachthemden.

Als ich mich zögernd umsah, erblickte ich in der Ecke eine Schachtel ohne Deckel. Sie enthielt eine sorgfältige Auswahl kleinerer Schachteln: Rouge Fascination, Rouge Mandarine, Rouge Andalouse, verschiedene Sorten Puder, Kajal für die Augenlider und Tusche für die Wimpern – das Make-Up für eine erblühende Manon Lescaut. Nichts fehlte: Parfums gab es auch.

Ich schloss hastig die Tür. Ich hatte kein Recht, zu stöbern oder mir Gedanken zu machen. Aber ich machte mir Gedanken. Mir war alles klar. Während ich die andere Hälfte des Schrankes öffnete und in den Fächern nach Nachthemden suchte, wurde mir alles klar: Miss Bruce, die an einem Geschäft vorbei lief, mit dem immerwährenden Hunger, sich schön zu fühlen, und dem Durst danach, geliebt zu werden (dem wirklichen Fluch, der auf Eva lastet) – gut versteckt unter ihrem schlichten Kleid, mehr oder weniger unterdrückt, mehr oder weniger unerkannt.

Miss Bruce hatte einmal ein Kleid gesehen und plötzlich gedacht: In diesem Kleid vielleicht... Und, unmittelbar danach: Warum nicht? Sie hatte das Geschäft betreten und, leicht errötend, nach dem Preis gefragt. Das war das erste Mal gewesen: ein Zufall, ein Anstoß.

Dieses Kleid muss eine Enttäuschung gewesen sein, aber doch schön genug, kleidsam genug, um sie zum Weitermachen zu bewegen. Dann muss die Suche nach dem Kleid begonnen haben, nach dem vollkommenen Kleid, schön, ver-

the perfect Dress, beautiful, beautifying, possible to be worn. And lastly, the search for illusion – a craving, almost a vice, the stolen waters and the bread eaten in secret of Miss Bruce's life.

Wonderful moment! When the new dress would arrive and would emerge smiling and graceful from its tissue paper.

"Wear me, give me life," it would seem to say to her, "and I will do my damnedest for you!" And, first, not unskilfully, for was she not a portrait painter? Miss Bruce would put on the powder, the Rouge-Fascination, the rouge for the lips, lastly the dress – and she would gaze into the glass at a transformed self. She would sleep that night with a warm glow at her heart! No impossible thing, beauty and all that beauty brings. There close at hand, to be clutched if one dared. Somehow she never dared, next morning.

I thankfully seized a pile of nightgowns and sat down, rather miserably undecided. I knew she would hate me to have seen those dresses: Mame Pichon would tell her that I had been to the armoire. But she must have her nightgowns. I went to lock the wardrobe doors and felt a sudden, irrational pity for the beautiful things inside. I imagined them, shrugging their silken shoulders, rustling, whispering about the anglaise who had dared to buy them in order to condemn them to life in the dark ... And I opened the door again.

The yellow dress appeared malevolent, slouching on its hanger; the black ones were mournful, only the little chintz frock smiled gaily, waiting for the supple body and limbs that should breathe life into it...

schönernd, tragbar. Und schließlich die Suche nach der Illusion – eine Sehnsucht, fast ein Laster, das gestohlene Wasser und Brot, heimlich verzehrt in Miss Bruces Leben.

Ein wunderbarer Augenblick! Wenn das neue Kleid eintraf und lächelnd und graziös aus dem Seidenpapier zum Vorschein kam.

«Trag mich, mach mich lebendig», schien es zu ihr zu sagen, «und ich will alles für dich tun.» Erst, nicht ohne Geschick – war sie nicht eine Porträtmalerin? – trug Miss Bruce den Puder auf, dann das Rouge Fascination, dann kam der Lippenstift, zuletzt das Kleid – und betrachtete im Spiegel ein verwandeltes Ich. In dieser Nacht würde sie mit einem warmen Gefühl ums Herz schlafen. Es war kein Ding der Unmöglichkeit – Schönheit, und alles, was Schönheit mit sich bringt. Da lag es, in erreichbarer Nähe, man konnte danach greifen, wenn man sich traute. Aber sie traute sich nie am nächsten Morgen.

Ich packte dankbar einen Stapel Nachthemden zusammen und setzte mich in ziemlich unangenehmer Unentschlossenheit hin. Ich wusste, dass sie mich bei dem Gedanken, dass ich alle diese Kleider gesehen hatte, hassen würde. Mame Pichon würde ihr erzählen, dass ich am Schrank gewesen war. Aber sie brauchte doch ihre Nachthemden. Ich ging zum Schrank, um die Türen abzuschließen und fühlte ein plötzliches, unvernünftiges Mitleid mit den schönen Dingen, die in ihm verschlossen waren. Ich stellte mir vor, wie sie mit ihren seidenen Schultern zuckten, raschelten und flüsternd über die Engländerin sprachen, die es gewagt hatte, sie zu kaufen, nur um sie zu einem Leben in Dunkelheit zu verbannen... Ich öffnete die Tür wieder.

Das gelbe Kleid erschien mir boshaft, wie es auf seinem Bügel hing; die schwarzen waren in Trauer, nur das kleine Chintzkleid lächelte fröhlich – es wartete auf den geschmeidigen Körper und dessen Glieder, die ihm Leben einhauchen würden...

When I was allowed to see Miss Bruce a week afterwards I found her lying, clean, calm and sensible in the big ward – an appendicitis patient. They patched her up and two or three weeks later we dined together at our restaurant. At the coffee stage she said suddenly:

"I suppose you noticed my collection of frocks. Why should I not collect frocks? They fascinate me. The colour and all that. Exquisite sometimes!"

"Of course," she added, carefully staring over my head at what appeared to me to be a very bad picture, "I should never make such a fool of myself as to wear them... They ought to be worn, I suppose."

A plump, dark girl, near us, gazed into the eyes of her dark, plump escort, and lit a cigarette with the slightly affected movements of the non-smoker.

"Not bad hands and arms, that girl!" said Miss Bruce in her gentlemanly manner.

Als ich Miss Bruce eine Woche später besuchen durfte, lag sie ordentlich, still und vernünftig in dem großen Krankenzimmer – eine Blinddarmpatientin. Man hatte sie wieder zusammengeflickt, und zwei oder drei Wochen später aßen wir gemeinsam in unserem Restaurant. Beim Kaffee sagte sie plötzlich:

«Ich vermute, Sie haben meine Kleidersammlung gesehen? Warum sollte ich nicht Kleider sammeln? Sie verzaubern mich. Die Farben und all das. Manchmal exquisit!»

«Natürlich», fügte sie hinzu, während sie aufmerksam über meinen Kopf hinweg auf ein nach meiner Meinung sehr schlechtes Bild starrte, «werde ich mich nie zum Narren machen und sie tragen... Ich denke, sie sollten getragen werden.»

Ein rundliches dunkelhaariges Mädchen in unserer Nähe blickte tief in die Augen ihrer dunkelhaarigen rundlichen Begleitung und zündete sich mit den leicht gezierten Bewegungen der Nichtraucherin eine Zigarette an.

«Keine schlechten Hände und Arme, das Mädchen!» sagte Miss Bruce in ihrer Art eines Gentleman.

Elizabeth Bowen: Firelight in the Flat

Bob Robertson, sore from the morning's row with his wife, came home warily, step after step reluctantly up the fibre-carpeted stairs – the flats had no lift – with a stop on each of the floors as though his breath had morally given out.

Here, six floors up, was his door: red shone through the frosted panels where a strip of firelight reached over the hall.

Rattling the key in, he felt the lock slip round. Then – for the hall was jasminy with her scent – he tentatively called: "Betty?" Before there was time for an answer, he felt her absence. She had gone out, certainly: she would be at the flicks. "Damn," said Robertson flatly. He'd meant to make things all right. This was what intentions came to. He hung up his hat in the dark.

Robertson was an ex-officer; as the war kept receding, this counted for less and less. Still, on the strength of this and of a school that was almost public, he travelled in high-class etchings and educational prints. His wife, Betty, bought shiny courageous stockings in bargain basements and regretted to friends that they could not afford children. Life disheartened her, really, and more and more of their food came back cooked from the delikatessen in paper bags.

Now the walls jumped in and out of shadow: a five-shilling clock struck a half hour long ago past. Far down below, the traffic went past in jerks to the Great West Road, as though being pumped out of London. The sitting-room door

Elizabeth Bowen: Wohnung im Feuerschein

Bob Robertson, noch niedergeschmettert vom morgendlichen Streit mit seiner Frau, kam argwöhnisch nach Hause, ging Stufe um Stufe zögerlich die mit Faserteppich ausgelegte Treppe hinauf – das Etagenhaus hatte keinen Lift. Auf jedem Stockwerk hielt er an, als ob sein Atem ihm jegliche moralische Unterstützung versagte.

Hier, im sechsten Stock, war seine Tür: rötlich schimmerte das mattierte Türglas, durch das ein Streifen des Feuerscheins in den Korridor fiel.

Er steckte rasselnd den Schlüssel hinein und spürte, wie das Schloss sich herumdrehte. Dann – denn der Flur roch nach Jasmin, ihrem Duft – rief er versuchsweise: «Betty?» Noch ehe Zeit für eine Antwort war, fühlte er ihre Abwesenheit. Sie war ausgegangen, bestimmt war sie im Kino. «Verdammt», sagte Robertson lustlos. Er hatte vorgehabt, alles wieder gut zu machen. So war das also mit Vorsätzen. Er hängte seinen Hut im Dunkeln auf.

Robertson war Offizier gewesen. Je mehr der Krieg Vergangenheit wurde, umso weniger bedeutete dies. Dennoch lag hierin und in einer halbprivaten Schule der Grund, weshalb er eine Vertretung für erstklassige Kupferstiche und pädagogische Druckschriften hatte. Seine Frau, Betty, kaufte schillernde, gewagte Strümpfe aus Schnäppchenläden in Kellergeschossen und bedauerte es Freunden gegenüber, dass sie sich keine Kinder leisten konnten. Das Leben bedrückte sie wirklich, und immer häufiger kam ihr Essen fertig gekocht in Papiertüten vom Feinkostgeschäft.

Jetzt sprangen die Wände in den Schatten und wieder aus ihm heraus; eine fünf-Schilling-Uhr schlug zur halben Stunde, die schon längst vorüber war. Ganz tief unten fuhr der Verkehr stoßartig vorbei in die Great West Road, als ob er aus London herausgepumpt würde. Die Wohnzimmer-

was confidentially open: two armchair-backs, against the red waning fire, took off, somehow, one's idea of a home. Dull with patent fuelling, but in Mother's tradition, the open fire kept something inside alight. Bitterly retrospective, Robertson reached out for the switch. But there was no electricity. He felt round in his pocket: he had no shilling.

"Good Lord: Bobbet!" said Constance, turning in an armchair.

"Good Lord!" he replied, shaken. "Constance? Don't do that again!"

"I was asleep."

"Got a shilling?"

"No, spent it. I've got Betty's latchkey; she's with Diane. I'm waiting here to borrow my bus fare home."

"You are the limit," said he, and, having discovered her face looking up at him, kissed it – which was their way.

"Steady," said she, rearranging the curl on her forehead. She was about seventeen.

"Got that job yet?"

"What do you expect?" said Constance sardonically.

"Better get married."

"Oh, naturally," agreed Constance: "But, then, as I always say… " She didn't, however, say it. He sat down in the other armchair, stretched out his legs and sighed. You know, he confided, "I wasn't a bit keen, really, on getting back here this evening. Funny, wasn't it?"

Constance quite understood. Knees crossed, she swung one foot happily in the firelight. "All you men are the same, all boys, really. You

tür stand vertrauensvoll offen: zwei Sesselrücken vor dem roten nachlassenden Feuer vermittelten irgendwie die Vorstellung von einem Zuhause. Schwach zwar wegen der Presskohlen, aber doch wie bei Muttern, hielt das offene Feuer etwas in einem am Leuchten. Mit einer bitteren Erinnerung reckte Robertson sich nach dem Schalter. Aber es gab keinen Strom. Er tastete in seinen Taschen herum: er hatte keine Schillingmünze.

«Meine Güte: Bobbet!» sagte Constance und drehte sich in einem Sessel herum.

«Meine Güte!», antwortete er erschrocken. «Constance? Tu das nie wieder!»

«Ich war eingeschlafen.»

«Hast du 'n Schilling?»

«Nein, ausgegeben. Ich habe Bettys Wohnungsschlüssel; sie ist mit Diane unterwegs. Ich warte hier, um Geld für die Busfahrt nach Hause zu leihen.»

«Du bist unmöglich», sagte er und küsste sie, nachdem er entdeckt hatte, das sie zu ihm aufschaute, auf die Wange – so war es zwischen ihnen üblich.

«Sachte», sagte sie und rückte die Locke auf ihrer Stirn zurecht. Sie war ungefähr siebzehn.

«Hast den Job schon?»

«Was erwartest du?» sagte Constance mit verzogenem Lächeln.

«Du solltest lieber heiraten.»

«Oh, natürlich», stimmte Constance zu. «Aber dann, wie ich immer zu sagen pflege...» Aber sie sagte es nicht. Er ließ sich im anderen Sessel nieder, streckte die Beine aus und seufzte. «Du weißt», vertraute er ihr an, «ich war überhaupt nicht scharf darauf, heute abend hierher zurück zu kommen, wirklich nicht. Lustig, findest du nicht?»

Constance konnte es verstehen. Die Beine übereinander geschlagen, wippte sie mit einem Fuß fröhlich im Feuerschein. «Ihr Männer seid doch alle gleich, eigentlich seid

don't know what you want till you think you're not getting it."

"I and Betty had a dust-up." (She half listened, quite calmly.) "You know, she's impossible, Constance; if I never say it again. It's really a bit stiff sometimes. Of course, I know things come hard on her. But she does muddle about so." This was just; all day long she went clicking about the flat in those high-heeled old satin slippers with straps undone. She would crouch in front of the grate and groan at the messy grey ashes. He knew what was wrong with Betty: she wanted a gas fire. All day long she would sigh that she was done in.

"I wish you could see my fingers," said Constance suddenly. "I've just had a manicure."

"Show!" She put her hands close to the fire; the nails glistened: they both bent over them.

"You are a funny kid, Constance."

"Shut up." She licked a finger and stamped three ripples back again on her forehead. "You know," she resumed, "what I feel about a manicure: it does pull you together. I know a place where men come in to be manicured – wouldn't that make you sick!"

"It's snug sitting here in the dark. Just you and I, Constance... You don't know what I miss."

"Bobbet, look here: I'm hungry," she interrupted.

"So am I, damned hungry." Robertson leaned towards Constance, across the fire, knocking his knuckles together between his knees. "Do you know," he said passionately, "it's a year since I've had roast mutton? Betty won't touch cooking. All this muck out of paper bags – "

ihr alle kleine Jungen, wirklich. Ihr wisst nicht, was ihr wollt, bis ihr denkt, dass ihr es nicht kriegen könntet.»

«Betty und ich hatten Krach.» (Sie hörte halb zu, ziemlich ruhig.) «Weißt du, sie ist unmöglich, Constance. Auch wenn ich es nicht laut sage. Es ist manchmal wirklich etwas schwierig. Natürlich weiß ich, dass ihr manches zusetzt. Aber sie wurstelt so herum.» Das war gerecht; den ganzen Tag klapperte sie in diesen hochhackigen alten Satinpantoffeln durch die Wohnung, die Riemen offen. Sie kauerte vor dem Kaminrost und stöhnte wegen der schmutzigen grauen Asche. Er wusste, was mit Betty los war: sie wollte eine Gasheizung. Den ganzen Tag seufzte sie, dass sie erschöpft sei.

«Ich wünschte, du könntest meine Finger sehen», sagte Constance plötzlich. «Ich habe sie gerade maniküren lassen.»

«Zeig!» Sie streckte ihre Hände nahe ans Feuer; die Nägel glänzten: beide beugten sich über sie.

«Du bist ein lustiges Kind, Constance.»

«Sei still.» Sie leckte an einem Finger und strich sich damit drei gewellte Strähnen zurück in die Stirn. «Weißt du», fing sie wieder an, «was ich von einer Maniküre halte: sie hilft einem, sich zusammenzureißen. Ich kenne einen Laden, in den Männer gehen, um sich maniküren zu lassen – wird dir nicht auch schlecht bei dem Gedanken?»

«Es ist gemütlich hier im Dunkeln zu sitzen. Nur du und ich, Constance... Du weißt nicht, was mir fehlt.»

«Bobbet, hör mal: ich hab Hunger», unterbrach sie ihn.

«Ich auch, einen Riesenhunger.» Robertson beugte sich zu Constance hinüber, über das Feuer, und rieb seine Hände zwischen seinen Knien. «Weißt du», sagte er mit Heftigkeit, «dass es ein Jahr her ist, dass ich gebratenes Hammelfleisch gegessen habe? Betty hat keine Lust zu kochen. Immer dieser Mist aus Papiertüten...»

"Well, she does at least hot up things from the delikatessen. I should get stuff out of tins – you know, salmon. I suppose you haven't got any salmon here?"

He went to see; she followed; he struck matches; laughing they groped their way to the kitchenette. He dropped spent matches; she stamped them carefully out. Here was a half pork pie, chiefly pastry, there three split peaches floating syrupy in a Woolworth dish; some biscuits – one was nibbled along the edge. They laughed. But the food smelled strong in the close air; there was a smell of old gas from the cooker. All delicate fingertips, Constance fished up a peach, leaning forward to let the syrup drip clear of her tight black frock. He watched: flame crept unnoticed up the match to his fingers. He swore sharply; they were in the dark. They followed each other by touch, till a pale fluctuation of firelight led them back to the hall. Robertson had brought the pork pie with him.

"But Betty'll be coming in," he said gloomily.

"Well, what of it? But she won't; not till eight. She and Diane went in about half past five; they'll be seeing the programme round." She knelt to poke the fire, making it light the room up. Then her voice changed to an odd note. I say... do you ever have any money?"

"Bus fare? Don't go yet, there's a good girl."

"No, but I want some money: a good deal."

"Marry money," he said, intent on what he was at. He had settled down with the pie balanced on one knee and was hacking away at the crust with a pocket-knife: Constance's si-

«Na, immerhin wärmt sie die Sachen aus dem Feinkostladen auf. Ich würde ein paar Dosen besorgen – du weißt schon, Lachs. Ich vermute, ihr habt keinen Lachs da?»

Er stand auf, um nachzusehen; sie folgte ihm. Er zündete Streichhölzer an; lachend tasteten sie sich zur Kochnische vor. Er ließ abgebrannte Streichhölzer fallen; sie trat sie vorsichtig aus. Hier gab es eine halbe Fleischpastete, die hauptsächlich aus Teig bestand, in einer Woolworth-Schüssel schwammen drei Pfirsichschnitze in Sirup. Ein paar Kekse – einer war am Rand angeknabbert. Sie lachten. Aber die Lebensmittel rochen streng in der stickigen Luft; vom alten Herd ging ein Geruch von abgestandenem Gas aus. Mit gezierten Fingerspitzen fischte Constance sich ein Stück Pfirsich, wobei sie sich nach vorn beugte, um den Sirup an ihrem engen schwarzen Kleid vorbei tropfen zu lassen. Er schaute zu: eine Flamme kroch unbemerkt am Streichholz zu seinen Fingern hinauf. Er fluchte heftig; sie waren im Dunkeln. Sie folgten einander tastend, bis ein blasses Flackern des Feuerscheins sie zurück in den Flur führte. Robertson hatte die Fleischpastete mitgebracht.

«Aber Betty wird zurückkommen», sagte er mit düsterer Miene.

«Na und? Aber jetzt noch nicht, nicht vor acht. Sie und Diane sind um ungefähr halb sechs hingegangen; sie werden sich das ganze Programm ansehen.» Sie kniete sich, um das Feuer anzufachen, was den Raum erhellte. Dann nahm ihre Stimme einen seltsamen Ton an. Sag mal... hast du vielleicht etwas Geld?»

«Für den Bus? Geh noch nicht, sei ein braves Mädchen.»

«Nein, aber ich brauche Geld: ziemlich viel.»

«Heirate Geld», sagte er, konzentriert auf seine Hantierung. Er hatte sich hingesetzt, die Pastete auf einem Knie balancierend, und schnitt die Kruste mit einem Taschenmesser in Stücke. Constances Schweigen, ihr seelenruhiges

lence, her placid watching and waiting, suddenly filled the room: in fancy he saw a table pulled up to a window, a dish of gooseberries (why, he could not think), and, out there in the country dusk, high poplars vaguely and gravely swaying. The scene, in a sphere of desire, was round and perfect. So one would live if one kept a chicken farm. "Marry money," he went on waggishly, still intent. But he put out a hand for Constance's.

"But, you damn fool," cried Constance, starting up very suddenly, standing beside the door and clicking the impotent switch up and down, up and down. "I need money now. I want it at once can't you see?"

He was unnerved by her outburst, as though a cold wind snatched open the doors of the flat. He contracted into himself, defensive and unfriendly. She had ruined their fun; he wished she would shut up. "See?" he repeated, dividing the pie accurately. "No, I don't specially see. We all want money like that."

Her high heel rapped the floor. "But I must have it now. Do you have to be told point-blank? I've got to get right out – soon." Her heel stopped and she stood desperately still.

With a dull shock he understood, and said under his breath: "Constance!"

"Oo-er, you wicked girl," said Constance, with hopeless frivolity. "Go on: consider it said."

Uneasy – for to what extent had she not already imposed on him? – and with rising anger, he said, "But why in hell's name come to me?... Anyway," he added quickly. "I've got no money. And if I had, my girl, think what Betty might think."

Beobachten und Abwarten, erfüllte plötzlich den Raum: in seiner Vorstellung sah er einen Tisch, der an ein Fenster herangezogen war, eine Schüssel mit Stachelbeeren (weshalb, wusste er nicht), und draußen in der ländlichen Dämmerung bogen sich hohe Pappeln undeutlich und feierlich. Die Szene, eingebettet in eine sehnsuchtsvolle Atmosphäre, war rund und vollkommen. So würde man leben, wenn man eine Hühnerfarm besäße. «Heirate Geld», fuhr er schelmisch fort, noch immer vertieft. Aber er streckte eine Hand nach der ihren aus.

«Ach du Dummkopf», rief Constance, sprang unvermittelt auf, stellte sich neben die Tür und knipste den nicht funktionierenden Schalter an und aus, an und aus. «Ich brauche jetzt Geld. Und zwar sofort – verstehst du nicht?»

Ihr Ausbruch irritierte ihn, so als ob ein kalter Wind die Türen der Wohnung aufgestoßen hätte. Er zog sich in sich zusammen, in eine unfreundliche Verteidigungshaltung. Sie hatte ihnen den Spaß verdorben; er wünschte, sie hielte ihren Mund. «Verstehen?» wiederholte er und teilte die Pastete sorgfältig. «Nein, ich verstehe es nicht wirklich. Wir alle hätten gerne Geld.»

Ihr Absatz klackte auf dem Boden. «Aber ich brauche es jetzt. Muss ich noch deutlicher werden? Ich muss da raus – bald.» Ihr Absatz hielt inne, und sie stand verzweifelt still.

Mit einem dumpfen Schock verstand er und sagte tonlos: «Constance!»

«Oh, du verdorbenes Mädchen», sagte Constance mit hoffnungsloser Frivolität. «Rede weiter, es ist nun mal ausgesprochen.»

Unbehaglich – denn in welchem Maße hatte sie ihm sich schon aufgedrängt – und mit einer aufsteigenden Verärgerung sagte er: «Aber warum zum Teufel kommst du zu mir?... Überhaupt», sagte er, «ich habe kein Geld. Und wenn ich welches hätte, liebes Mädchen, stell dir vor, was Betty denken würde.»

"My mistake," said Constance. "It just occurred to me. As we seemed to be getting along so well. I've got to get that money, so any port in a storm."

"So you thought it was worth trying?" Exasperated by her contemptuous lightness, her irony, and this net of doom she was casting about the flat, he glared in the firelight at his portion of pie. She had ruined his appetite. At last he could say more gently: "What did you do it for?"

"New clothes," said Constance loudly.

"Get out of here, you little – !"

"Yes, all right," she said. "I'm going."

"No, look here. Stop. Do for God's sake be decent with me. I'm not down on you, but I'm damned if I'll stand your attitude. Whatever possessed you, you little fool?"

"I suppose I was balmy," said Constance, turning away.

"Love?" he said, uneasy.

"I said, I suppose I was balmy... Only Bobbet, look here, don't keep going on about marriage. Because it makes you sound silly now, doesn't it?"

"But I don't see why you shouldn't," he said eagerly. "I'd marry you... there'd be heaps of men; all men aren't such swine. I'd marry you," he repeated, with a growing security.

"I wouldn't marry you," said Constance. "Not for anything, now. Not if it had been you: I'd rather walk into the Serpentine. Thanks all the same."

"Oh, well, he said, and added, not quite in irony: But it's been a nice evening, hasn't it?"

"Well then, listen," she said. "What about that money, really? You needn't worry: I swear you'll

«Mein Fehler», sagte Constance. «Es ist mir so eingefallen. Weil es aussah, als verstünden wir uns gut. Ich muss das Geld auftreiben, einen Versuch war es wert.»

«Du dachtest also, es war einen Versuch wert?» Verärgert von ihrer verächtlichen Leichtfertigkeit, ihrer Ironie und diesem Netz von Unglück, das sie über der Wohnung auswarf, starrte er wütend seine Portion Pastete im Feuerschein an. Sie hatte ihm den Appetit verdorben. Schließlich sagte er etwas sanfter: «Wofür hast du es getan?»

«Neue Kleider», sagte Constance laut.

«Raus mit dir, du kleine ... !»

«Ja, in Ordnung», sagte sie. «Ich gehe.»

«Nein, warte. Hör auf. Sei um Himmels willen ehrlich mit mir. Ich will dir keine Moralpredigt halten, aber ich soll verflucht sein, wenn ich dein Verhalten dulde. Welcher Teufel hat dich denn geritten, du kleiner Dummkopf?»

«Ich war vermutlich bescheuert», sagte Constance und drehte sich weg.

«Liebe?» fragte er besorgt.

«Ich habe gesagt, ich war vermutlich bescheuert... Bobbet, pass auf, rede bloß nicht noch mal vom Heiraten. Damit machst du dich jetzt nur lächerlich.»

«Aber ich verstehe nicht, warum du es nicht solltest», sagte er eifrig. «Ich würde dich heiraten... es gibt so viele Männer; nicht alle Männer sind Schweine. Ich würde dich heiraten», wiederholte er mit wachsender Sicherheit.

«Ich würde dich nicht heiraten», sagte Constance. «Um alles in der Welt nicht, wirklich. Nicht mal, wenn du es gewesen wärest: lieber würde ich in die Serpentine gehen. Trotzdem vielen Dank.»

«Oh, mmh», sagte er und fügte nicht ohne Ironie hinzu: «Aber es war ein netter Abend, nicht?»

«Gut, dann hör zu», sagte sie. «Was ist mit dem Geld, ehrlich? Du musst dir keine Sorgen machen: ich schwöre,

get it back. I'll want about fifty pounds: I think I could manage on that. Will you or won't you? I've got no time to be sweet."

"Well…" he began. Because, when you come to think of it… because after all… "The thing is –" he began again, with a frankness that should have won her. "Well, you see how I stand. I've got Betty to think of."

"Yes, you don't half think of Betty!"

"Well, damn it all, she's my wife – "

"Lucky girl!"

"I must say, Constance, you're a very poor gold-digger!"

She said drearily: "I've never tried before."

"What about – whoever it was?"

"I'd rather walk into the Serpentine."

"Blast!" he said. "You spoil everything." And he sat huddled forward, his head in his hands. For, really, there seemed no peace for him anywhere. He did simply want a woman to cheer him up. Betty was weak and Constance was bad right through.

"Sorry I came?" she said, groping round for her hat.

He sat on, scrubbing his fingers up through his hair.

"It's no good about the money?" She listened, he listened; the fire snapped. "Right-oh," she said. "I'm off."

"I'll think out something," he said. "I'll write in a day or two. I swear I'll see you through – "

At this point, Betty, having lent Constance her latchkey, was forced to ring at the door of her own flat. She rang twice, eager to be at

dass du es zurückbekommst. Ich brauche um die fünfzig Pfund: ich denke, das würde mir reichen. Willst du es mir geben, oder nicht? Ich hab keine Zeit, nett zu sein.»

«Nun...», fing er an. Weil, wenn man darüber nachdenkt... weil trotz allem... «Die Sache ist die», setzte er von Neuem an, mit einer Offenheit, mit der er sie gewinnen wollte. «Nun, du verstehst meinen Standpunkt. Ich muss an Betty denken.»

«Also, du denkst fast gar nicht an Betty!»

«Ach, verdammt noch mal, sie ist meine Frau...»

«Glückliches Mädchen!»

«Ich muss schon sagen, Constance, du bist ein ziemlich schlechter Goldgräber!»

Sie sagte trübselig: «Ich hab es noch nie versucht.»

«Was ist mit... wer auch immer es war?»

«Eher gehe ich in die Serpentine.»

«Verdammt!» sagte er. «Du verdirbst alles.» Er saß zusammengekauert nach vorne gebeugt, seinen Kopf in die Hände gestützt. Es schien tatsächlich nirgendwo Ruhe für ihn zu geben. Er wollte einfach eine Frau, die ihn aufmunterte. Betty war schwach und Constance war durch und durch verdorben.

«Ärgerst du dich, dass ich gekommen bin», sagte sie und tastete nach ihrem Hut.

Er blieb einfach sitzen und strich sich mit den Fingern durchs Haar.

«Es ist wohl zwecklos mit dem Geld?» Sie lauschte, er lauschte, das Feuer knackte. «Schön», sagte sie. «Ich bin schon weg.»

«Ich überlege mir etwas», sagte er. «Ich werde dir in ein oder zwei Tagen schreiben. Ich schwöre, dass ich dir helfen will...»

In diesem Moment war Betty, die Constance den Wohnungsschlüssel geliehen hatte, gezwungen, an der Tür ihrer eigenen Wohnung zu läuten. Sie klingelte zweimal,

home. As Robertson sat on, stupefied, Constance went to the door.

"Hullo, Con," he heard Betty greet her. "Find your way in all right?"

"Yep. Bobbet's back. I've been trying to borrow money."

"I don't know what you're thinking of," Betty said languidly. "We don't have any money… Hullo, Bobbet… Hullo, what's up with the light?"

"We're right out of shillings."

"Here are three in the cigarette-box; there're always some there. We're not so broke as you'd think," Betty said, laughing, to Constance. "How much do you want, Con?"

"Sixpence – I want my bus fare."

"Well, take a shilling."

Betty clinked the shilling into the meter. The flat sprang into sight: "art" distemper, six of The World's Best Pictures, the dark sharp angles of antiqued oak. Constance strolled to a glass and made up her mouth scarlet, then pulled on her tight little hat with the jockey brim. She wrapped up her chin in her collar. "I must be pushing along," she said. "Thanks for the shilling."

"Sorry, darling, we can't keep you to supper. But the fact is, I don't think the galantine…"

"I must get along, anyhow; mother'll be raging. 'Sides, I've had some pig pie."

"Splendid. Go on, Bobbet, go to the door with her!"

When he came back from the door, Robertson saw at once how battered Betty was looking. The fact was, she couldn't get on without him; she curled up under his anger and went to bits. She must have been crying, for the mascara had run

ungeduldig, eintreten zu können. Weil Robertson weiter wie betäubt dasaß, lief Constance zur Tür.

«Hallo, Con». Er hörte, wie Betty sie begrüßte. «Hast du dich zurechtgefunden?»

«Ja. Bobbet ist zurück. Ich habe versucht, mir Geld zu leihen.»

«Ich weiß nicht, wie du dir das vorstellst», sagte Betty schlaff. «Wir haben kein Geld... Hallo, Bobbet... Hallo, was ist mit dem Licht los?»

«Wir haben gar keine Schillinge mehr.»

«Hier in der Zigarettenschachtel liegen drei; da liegen immer welche. Wir sind nicht so abgebrannt, wie man meinen könnte», sagte Betty lachend zu Constance. «Wie viel möchtest du, Con?»

«Sixpence – ich brauche meine Busfahrt.»

«Ach, nimm einen Schilling.»

Betty steckte einen Schilling in den Gaszähler. Die Wohnung wurde plötzlich sichtbar: Temperamalerei, sechs der weltbesten Bilder, die dunklen kantigen Rahmen aus antiker Eiche. Constance schlenderte zu einem Spiegel und schminkte sich die Lippen scharlachrot und setzte dann ihren kleinen engen Hut mit der Jockeykrempe auf. Sie vergrub ihr Kinn im Kragen. «Ich muss mich auf den Weg machen», sagte sie. «Danke für den Schilling.»

«Es tut mir leid, Liebes, dass wir dich nicht zum Abendessen einladen können. Aber die Sache ist die, dass ich nicht glaube, dass die Pastete...»

«Ich muss sowieso los; Mutter wird außer sich sein. Außerdem habe ich von der Pastete gegessen.»

«Prima. Komm schon, Bobbet, begleite sie zur Tür!»

Als er von der Tür zurückkam, sah Robertson sofort, wie mitgenommen Betty aussah. Es war klar, dass sie ohne ihn nicht zurechtkam; sie duckte sich unter seinem Ärger und brach zusammen. Sie musste geweint haben, denn die Maskara war um ihre Augen herum verlaufen. Jetzt schüttelte

right round her eyes. Now she was fluffing her hair up, for him specially. He could not know that her throat, under the tight pink pearls, was burning just at a point where the Dietrich's throat had been kissed some minutes before. Her fox fur slid off one shoulder, she sat just where Constance had sat, looking up at him. "Oh, Bobbet," she said, "I've been so – oh, I don't know. But I do get so fed up."

"Poor girl," he said, touching her cheek. She sighed and caught at his hand, and sat fondling it, with her head back on his arm and her long lashes turned down. "I feel rotten, she said, "about everything."

"Oh, well... You've been washing your hair."

"Look at my pearls; Swan & Edgar: two and eleven-three. Was I awful? I had to have something."

"I like you to have pretty things."

"Yes, you are a sweet about that."

"Constance is a funny girl," she said later. "So independent – I can't make her out. Did you talk much?"

"Not particularly."

"I'm sorry for her in a way – oh, the fire's nearly out." The fire, indeed, had gone dull in the brilliant glare. One had had, thought Robertson, half heartedly poking it, quite enough of all that.

"It's wasted," he said, "when we're out. Blazing away all the time. How would it really be if we had a gas fire?"

"Oh, but I love the firelight: it's so homey. It's just doing the grate – Still, I do love the firelight."

"How would it be," he said, "if we cleared right out of all this and started a chicken farm? I've got

sie ihre Haare, eigens für ihn. Er konnte nicht wissen, dass ihr Hals unter den enganliegenden rosaroten Perlen an einer Stelle brannte, wo der Hals der Dietrich vor wenigen Minuten geküsst worden war. Ihr Fuchspelz glitt von einer Schulter herab, sie saß genau da, wo Constance gesessen hatte und schaute zu ihm auf. «Oh, Bobbet», sagte sie. «Ich bin so... ach, ich weiß nicht. Aber manchmal hab ich einfach alles satt.»

«Armes Mädchen», sagte er und berührte ihre Wange. Sie seufzte und griff nach seiner Hand. Sie blieb sitzen und streichelte sie, ihr Kopf war an seinen Arm gelehnt und ihre langen Wimpern gesenkt. «Ich fühle mich miserabel», sagte sie, «wegen allem».

«Nun ja... du hast deine Haare gewaschen.»

«Schau meine Perlen an; Swan & Edgar: zwei und elfdrei. Ist das schlimm? Ich musste einfach etwas kaufen.»

«Mir gefällt es, wenn du hübsche Dinge hast.»

«Ja, was das angeht, bist du süß.»

«Constance ist ein lustiges Mädchen», sagte sie später. «So unabhängig... ich werde aus ihr nicht klug. Habt ihr viel geredet?»

«Nicht besonders.»

«Auf eine bestimmte Weise tut sie mir leid... oh, das Feuer ist beinahe aus.» Das Feuer war in dem grellen Licht tatsächlich schwächer geworden. Man hatte, dachte Robertson, während er halbherzig darin herumstocherte, genug von all dem.

«Es ist Verschwendung», sagte er, «wenn wir nicht da sind. Es lodert die ganze Zeit vor sich hin. Wie wäre es eigentlich, wenn wir einen Gasofen hätten?»

«Ach, aber ich liebe den Feuerschein; es ist so heimelig. Es ist nur das Säubern des Rosts... Trotzdem, ich liebe den Feuerschein.»

«Wie wäre es», sagte er, «wenn wir von allem hier weggingen und eine Hühnerfarm aufmachten? Das Bisschen

that bit saved. I'm just as fed up as you are. You know, in the country somewhere."

"Bobbet – and a sweet cottage?"

They held hands to think of it: he thought of huts and chickens, she thought of children. A country silence crept into the flat: outside, there might have been poplars, vaguely and gravely swaying. They felt oddly secure.

"You and me. We've never had much of a break."

"It's funny," she said on their way to bed that night, "the way that girl Constance never has the price of a bus fare, I often wonder what will become of her..."

hab ich gespart. Ich habe genau so die Nase voll wie du. Weißt du, irgendwo auf dem Land.»

«Bobbet – und ein süßes Landhäuschen?»

Sie hielten sich die Hände, um es sich vorzustellen: er dachte an Hütten und Hühner, sie dachte an Kinder. Eine ländliche Stille kroch in die Wohnung: draußen hätten Pappeln stehen können, die sich undeutlich und feierlich bogen. Sie fühlten sich seltsam sicher.

«Du und ich. Wir hatten nie eine richtige Abwechslung.»

«Es ist komisch», sagte sie beim Zubettgehen an diesem Abend, «dass dieses Mädchen Constance nie das Geld für die Busfahrt hat. Ich frage mich oft, was wohl aus ihr wird...»

Muriel Spark: The House Of The Famous Poet

In the summer of 1944, when it was nothing for trains from the provinces to be five or six hours late, I travelled to London on the night train from Edinburgh, which, at York, was already three hours late. There were ten people in the compartment, only two of whom I remember well, and for good reason.

I have the impression, looking back on it, of a row of people opposite me, dozing untidily with heads askew, and, as it often seems when we look at sleeping strangers, their features had assumed extra emphasis and individuality, sometimes disturbing to watch. It was as if they had rendered up their daytime talent for obliterating the outward traces of themselves in exchange for mental obliteration. In this way they resembled a twelfth-century fresco; there was a look of medieval unselfconsciousness about these people, all except one.

This was a private soldier who was awake to a greater degree than most people are when they are not sleeping. He was smoking cigarettes one after the other with long, calm puffs. I thought he looked excessively evil – an atavistic type. His forehead must have been less than two inches high above dark, thick eyebrows, which met. His jaw was not large, but it was apelike; so was his small nose and so were his deep, close-set eyes. I thought there must have been some consanguinity in the parents. He was quite a throwback.

As it turned out, he was extremely gentle and kind. When I ran out of cigarettes, he fished about in his haversack and produced a packet for me and

Muriel Spark: Das Haus des berühmten Dichters

Im Sommer des Jahres 1944, als man über eine fünf- oder sechsstündige Verspätung der Fernzüge kein Wort verlor, reiste ich mit dem Nachtzug von Edinburgh nach London, der schon in York drei Stunden zu spät war. Im Abteil saßen zehn Leute, von denen ich mich nur an zwei genau erinnere, und das aus gutem Grund.

Wenn ich daran zurück denke, sehe ich eine Reihe von Leuten vor mir, die nachlässig mit schief hängenden Köpfen vor sich hin dösen. Ihre Gesichtszüge traten, wie es einem oft scheint, wenn man Fremde beim Schlafen beobachtet, besonders ausdrucksstark und individuell hervor, was mitunter beunruhigend wirkt. Es war, als hätten sie ihre alltägliche Fähigkeit, die äußeren Spuren ihrer Ichs zu verwischen, gegen das Auslöschen ihrer Gedanken eingetauscht. Auf diese Weise erinnerten sie an ein Fresko aus dem 12. Jahrhundert. All diese Leute machten den Eindruck mittelalterlicher Selbst-Unbewusstheit; alle außer einem.

Dies war ein einfacher Soldat, der wacher war als die meisten Leute, wenn sie nicht schlafen. Er rauchte in langen, ruhigen Zügen eine Zigarette nach der andern. Ich fand, dass er furchtbar bösartig aussah – ein Kerl aus frühesten Zeiten. Seine Stirn über den dunklen, buschigen, zusammengewachsenen Augenbrauen war knapp zweifingerbreit hoch. Sein Kiefer war nicht mächtig, aber primatenhaft, so wie auch seine kleine Nase und seine tiefliegenden, eng beieinander stehenden Augen. Ich vermutete, dass seine Eltern Blutsverwandte gewesen waren. Er wirkte ziemlich zurückgeblieben.

Wie sich herausstellte, war er äußerst freundlich und liebenswürdig. Als ich keine Zigaretten mehr hatte, kramte er in seinem Proviantbeutel und zog eine Schachtel für

one for a girl sitting next to me. We both tried, with a flutter of small change, to pay him. Nothing would please him at all but that we should accept his cigarettes, whereupon he returned to his silent, reflective smoking.

I felt a sort of pity for him then, rather as we feel towards animals we know to be harmless, such as monkeys. But I realized that, like the pity we expend on monkeys merely because they are not human beings, this pity was not needed.

Receiving the cigarettes gave the girl and myself common ground, and we conversed quietly for the rest of the journey. She told me she had a job in London as a domestic helper and nursemaid. She looked as if she had come from a country district – her very blonde hair, red face and large bones gave the impression of power, as if she was used to carrying heavy things, perhaps great scuttles of coal, or two children at a time. But what made me curious about her was her voice, which was cultivated, melodious and restrained.

Towards the end of the journey, when the people were beginning to jerk themselves straight and the rushing to and fro in the corridor had started, this girl, Elise, asked me to come with her to the house where she worked. The master, who was something in a university, was away with his wife and family.

I agreed to this, because at that time I was in the way of thinking that the discovery of an educated servant girl was valuable and something to be gone deeper into. It had the element of experience perhaps, even of truth – and I believed, in those days, that truth is stranger than fiction.

mich und eine für meine Sitznachbarin hervor. Wir beide versuchten, ihn mit klimperndem Kleingeld zu bezahlen. Aber darauf ließ er sich nicht ein. Er wollte nur, dass wir seine Zigaretten annahmen, woraufhin er in sein schweigendes, nachsinnendes Rauchen zurückfiel.

Ich fühlte daraufhin eine Art Mitleid mit ihm, so wie man es für Tiere empfindet, die als harmlos gelten, zum Beispiel Affen. Aber ich erkannte, dass dieses Mitleid, wie das Mitleid, das wir Affen zuwenden, weil sie keine Menschen sind, nicht benötigt wurde.

Die Tatsache, dass wir Zigaretten erhalten hatten, gab dem Mädchen und mir ein Gefühl von Gemeinsamkeit, und so unterhielten wir uns leise für den Rest der Reise. Sie erzählte mir, dass sie in London eine Stelle als Hausangestellte und Kindermädchen hatte. Sie sah aus, als ob sie aus einer ländlichen Gegend stammte: ihr strohblondes Haar, das rote Gesicht und ihr kräftiger Knochenbau hinterließen einen Eindruck von Kraft, so als ob sie es gewohnt sei, schwere Dinge zu tragen, vielleicht große Kohleneimer, oder zwei Kinder auf einmal. Aber was mich neugierig machte, war ihre Stimme, die kultiviert, melodiös und zurückhaltend klang.

Gegen Ende der Reise, als die Leute aufzuspringen begannen und das Hin und Her im Gang einsetzte, bot mir dieses Mädchen, Elise, an, mit ihr in das Haus zu kommen, in dem sie arbeitete. Der Hausherr, der irgendeinen Posten an einer Universität hatte, war mit Frau und Familie verreist.

Ich sagte zu, weil ich damals dachte, dass die Entdekkung eines gebildeten Dienstmädchens kostbar und einer gründlichen Beachtung wert sei. Es beinhaltete vielleicht ein Element von Erfahrung, von Wahrheit sogar – und ich glaubte damals, dass Wahrheit merkwürdiger war als Erfundenes. Außerdem wollte ich den Sonntag in London verbringen. Am Tag danach wurde ich auf meiner Stelle

Besides, I wanted to spend that Sunday in London. I was due back next day at my job in a branch of the civil service, which had been evacuated to the country and for a reason that is another story, I didn't want to return too soon. I had some telephoning to do, I wanted to wash and change. I wanted to know more about the girl. So I thanked Elise and accepted her invitation.

I regretted it as soon as we got out of the train at King's Cross, some minutes after ten. Standing up tall on the platform, Elise looked unbearably tired, as if not only the last night's journey but every fragment of her unknown life was suddenly heaping up on top of her. The power I had noticed in the train was no longer there. As she called, in her beautiful voice, for a porter, I saw that on the side of her head that had been away from me in the train, her hair was parted in a dark streak, which, by contrast with the yellow, looked navy blue. I had thought, when I first saw her, that possibly her hair was bleached, but now, seeing it so badly done, seeing this navy blue parting pointing like an arrow to the weighted weariness of her face, I, too, got the sensation of great tiredness. And it was not only the strain of the journey that I felt, but the foreknowledge of boredom that comes upon us unaccountably at the beginning of a quest, and that checks, perhaps mercifully, our curiosity.

And, as it happened, there really wasn't much to learn about Elise. The explanation of her that I had been prompted to seek, I got in the taxi between King's Cross and the house at Swiss Cottage. She came of a good family, who thought her a pity, and she them. Having no training for any-

in einer Abteilung der Verwaltung, die aufs Land evakuiert worden war, wieder erwartet, und aus einem bestimmten Grund, zu dem ich eine andere Geschichte erzählen müsste, wollte ich nicht zu früh zurückkehren. Ich musste einige Telefonate erledigen, ich wollte mich frisch machen und die Kleidung wechseln. Ich wollte mehr über dieses Mädchen erfahren. Deshalb dankte ich Elise und nahm ihre Einladung an.

Ich bereute es, sobald wir in King's Cross aus dem Zug gestiegen waren, ein paar Minuten nach Zehn. Aufrecht auf dem Bahnsteig stehend, schaute Elise unerträglich müde aus, so als ob nicht nur die Reise der letzten Nacht, sondern jeder Teil ihres unbekannten Lebens auf ihren Schultern lastete. Die Kraft, die ich im Zug an ihr bemerkt hatte, war verschwunden. Als sie mit ihrer schönen Stimme einen Gepäckträger rief, sah ich, dass auf der Seite ihres Kopfes, die im Zug von mir abgewandt gewesen war, ihr Haar mit einer dunklen Strähne unterteilt war, die im Kontrast zum Blond marineblau wirkte. Gleich zu Anfang, als ich sie zum ersten Mal traf, dachte ich, dass ihr Haar gefärbt sein könnte; als ich nun sah, wie schlecht es gefärbt war, als ich die marineblaue Strähne wie einen Pfeil auf die niedergeschlagene Mattheit ihres Gesichts zeigen sah, überkam auch mich ein Gefühl großer Müdigkeit. Ich fühlte nicht nur die Anstrengung der Reise, sondern hatte auch eine Vorahnung von Langeweile, die uns aus unerklärlichen Gründen am Anfang einer Suche überkommt und, vielleicht gnädigerweise, unsere Neugier in Schranken hält.

Tatsächlich gab es nicht viel über Elise zu erfahren. Die Auskünfte über sie, nach denen zu forschen ich vorgehabt hatte, erhielt ich auf der Taxifahrt zwischen King's Cross und dem Haus in Swiss Cottage. Sie stammte aus einer guten Familie. Ihre Angehörigen konnten so wenig mit ihr anfangen wie sie mit ihnen. Da sie für nichts anderes ausgebildet war, hatte sie eine Hausmädchenstelle ange-

thing else, she had taken a domestic job on leaving home. She was engaged to an Australian soldier billeted also at Swiss Cottage.

Perhaps it was the anticipation of a day's boredom, maybe it was the effect of no sleep or the fact that the V-I sirens were sounding, but I felt some sourness when I saw the house. The garden was growing all over the place. Elise opened the front door, and we entered a darkish room almost wholly taken up with a long, plain wooden worktable. On this, were a half-empty marmalade jar, a pile of papers, and a dried-up ink bottle. There was a steel-canopied bed, known as a Morrison shelter, in one corner and some photographs on the mantel piece, one of a schoolboy wearing glasses. Everything was tainted with Elise's weariness and my own distaste. But Elise didn't seem to be aware of the exhaustion so plainly revealed on her face. She did not even bother to take her coat off, and as it was too tight for her I wondered how she could move about so quickly with this restriction added to the weight of her tiredness. But, with her coat still buttoned tight Elise phoned her boy-friend and made breakfast, while I washed in a dim, blue, cracked bathroom upstairs.

When I found that she had opened my hold-all without asking me and had taken out my rations, I was a little pleased. It seemed a friendly action, with some measure of reality about it, and I felt better. But I was still irritated by the house. I felt there was no justification for the positive lack of consequence which was lying about here and there. I asked no questions about the owner who was something in a university, for fear of getting

nommen, nachdem sie ihr Zuhause verlassen hatte. Sie war mit einem australischen Soldaten verlobt, der auch in Swiss Cottage einquartiert war.

Vielleicht war es die Vorwegnahme der Langeweile eines Tages, vielleicht war es die Folge von Schlafmangel oder die Tatsache, dass die Alarmsirenen heulten, jedenfalls spürte ich einen gewissen Verdruss, als ich das Haus sah. Der Garten überwucherte alles rundherum. Elise öffnete die Haustür, und wir betraten ein dunkles Zimmer, das fast völlig von einem langen einfachen hölzernen Arbeitstisch ausgefüllt war. Auf ihm befanden sich ein halb leeres Marmeladenglas, ein Stapel Papiere und ein eingetrocknetes Tintenfass. In einer Ecke stand ein Stahlbettgestell, bekannt auch als «Morrison-Koje», auf dem Kaminsims lehnten Fotos, eines zeigte einen Schuljungen, der eine Brille trug. Alles war behaftet mit Elises Müdigkeit und meinem eigenen Widerwillen. Aber Elise schien sich der Erschöpfung, die ihr Gesicht so offenkundig widerspiegelte, nicht bewusst zu sein. Sie legte noch nicht einmal ihren Mantel ab, und da dieser zu klein für sie war, fragte ich mich, wie sie sich so schnell in ihm bewegen konnte, trug er doch als Hindernis zur Schwere ihrer Müdigkeit zusätzlich bei. Aber Elise, immer noch im zugeknöpften Mantel, rief ihren Freund an und bereitete das Frühstück zu, während ich mich im düsteren blauen schäbigen Badezimmer oben wusch.

Als ich bemerkte, dass sie meine Reisetasche ohne mich zu fragen geöffnet und meine Rationen herausgenommen hatte, freute ich mich ein wenig. Es erschien mir als freundschaftliche Geste, die einen gewissen Realitätssinn zeigte, und ich fühlte mich besser. Trotzdem irritierte mich das Haus noch immer. Ich fand, dass es keine Rechtfertigung für den eindeutigen Mangel an Ordnung gab, dem man hier und da begegnete. Ich stellte keine Fragen nach dem Hauseigentümer, der irgendeinen Universitätsposten

the answer I expected – that he was away visiting his grandchildren, at some family gathering in the home counties. The owners of the house had no reality for me, and I looked upon the place as belonging to, and permeated with, Elise.

I went with her to a nearby public house, where she met her boy-friend and one or two other Australian soldiers. They had with them a thin Cockney girl with bad teeth. Elise was very happy, and insisted in her lovely voice that they should all come along to a party at the house that evening. In a fine aristocratic tone, she demanded that each should bring a bottle of beer.

During the afternoon Elise said she was going to have a bath, and she showed me a room where I could use the telephone and sleep if I wanted. This was a large, light room with several windows, much more orderly than the rest of the house, and lined with books. There was only one unusual thing about it: beside one of the windows was a bed, but this bed was only a fairly thick mattress made up neatly on the floor. It was obviously a bed on the floor with some purpose, and again I was angered to think of the futile crankiness of the elderly professor who had thought of it.

I did my telephoning, and decided to rest. But first I wanted to find something to read. The books puzzled me. None of them seemed to be automatically part of a scholar's library. An inscription in one book was signed by the author, a well-known novelist. I found another inscribed copy, and this had the name of the recipient. On a sudden idea, I went to the desk, where while I had been telephoning I had noticed a pile of un-

hatte, aus Angst, ich würde die Antwort erhalten, die ich erwartete – dass er weggefahren war, um seine Enkelkinder zu besuchen, zu einem Familientreffen in den Home-Counties. Die Eigentümer des Hauses hatten nichts Wirkliches für mich, und so betrachtete ich den Ort, als ob er Elise gehörte und von ihr durchdrungen war.

Ich ging mit ihr in eins der nahegelegenen Lokale, in das sie ihren Freund und ein, zwei andere australische Soldaten traf. In deren Begleitung befand sich ein dünnes Cockney-Mädchen mit schlechten Zähnen. Elise war sehr glücklich und bestand mit ihrer schönen Stimme darauf, dass heute abend alle mitkommen sollten zu einer Party in ihrem Haus. In feinem aristokratischen Ton verlangte sie, dass jeder eine Flasche Bier mitbringen sollte.

Am Nachmittag sagte Elise, dass sie ein Bad nehmen wolle; sie zeigte mir ein Zimmer, in dem ich das Telefon benutzen und schlafen konnte, wenn ich wollte. Dieses Zimmer war groß und hell, mit einigen Fenstern, viel ordentlicher als das übrige Haus, mit Büchern an den Wänden. Nur eines war ungewöhnlich: neben einem der Fenster gab es ein Bett, aber dieses Bett bestand nur aus einer recht dicken Matraze, die ordentlich zurechtgemacht auf dem Boden lag. Das Bett auf dem Fußboden erfüllte ganz offensichtlich einen Zweck, und wieder fühlte ich beim Gedanken an die sinnlose Verrücktheit des ältlichen Professors, der sich dies ausgedacht hatte, Ärger in mir aufsteigen.

Ich erledigte meine Telefonate und beschloss, mich auszuruhen. Aber zuerst wollte ich etwas zu lesen finden. Die Bücher verblüfften mich. Keines von ihnen schien notwendigerweise zur Bibliothek eines Gelehrten zu gehören. In einem Buch stand eine Widmung vom Autor, einem bekannten Romanschriftsteller. Ich fand ein weiteres mit Widmung, die den Namen des Empfängers nannte. Einer plötzlichen Eingebung folgend, ging ich zum Schreibtisch, auf dem ich während meiner Telefongespräche einen Stapel

opened letters. For the first time, I looked at the name of the owner of the house.

I ran to the bathroom and shouted through the door to Elise, "Is this the house of the famous poet?"

"Yes," she called. "I told you."

She had told me nothing of the kind. I felt I had no right at all to be there, for it wasn't, now, the house of Elise acting by proxy for some unknown couple: It was the house of a famous modern poet. The thought that at any moment he and his family might walk in and find me there terrified me. I insisted that Elise should open the bathroom door and tell me to my face that there was no possible chance of their returning for many days to come.

Then I began to think about the house itself, which Elise was no longer accountable for. Its new definition, as the house of a poet whose work I knew well, many of whose poems I knew by heart, gave it altogether a new appearance.

To confirm this, I went outside and stood exactly where I had been when I first saw the garden from the door of the taxi. I wanted to get my first impression for a second time.

And this time I saw an absolute purpose in the overgrown garden, which, since then, I have come to believe existed in the eye of the beholder. But, at the time, the room we had first entered, and which had riled me, now began to give back a meaning, and whatever was, was right. The caked-up bottle of ink, which Elise had put on the mantelpiece, I replaced on the table to make sure. I saw a photograph I hadn't noticed before, and I recognized the famous poet.

ungeöffneter Briefe bemerkt hatte. Zum ersten Mal sah ich den Namen des Hauseigentümers.

Ich rannte zum Badezimmer und rief Elise durch die Tür zu: «Ist dies das Haus des berühmten Dichters?»

«Ja», rief sie. «Hab ich dir doch erzählt.»

Sie hatte mir nichts davon erzählt. Ich spürte, dass ich überhaupt kein Recht hatte, hier zu sein, denn es handelte sich nun nicht mehr um Elises Haus, die als Stellvertreterin für ein unbekanntes Paar handelte. Es war das Haus des berühmten modernen Dichters. Der Gedanke, er und seine Familie könnten jeden Moment hereinplatzen und mich hier finden, versetzte mich in Angst und Schrecken. Ich bestand darauf, dass Elise die Badezimmertür öffnete und mir versicherte, dass es unter keinen Umständen möglich war, dass sie innerhalb der nächsten Tage zurückkommen würden.

Dann begann ich über das Haus selbst nachzudenken, für das nun nicht mehr Elise verantwortlich war. Seine neue Definition als das Haus eines Dichters, mit dessen Werk ich sehr vertraut war – viele seiner Gedichte konnte ich auswendig –, gaben ihm ein gänzlich neues Aussehen.

Um dies zu bestätigen, lief ich nach draußen und stellte mich genau an die Stelle, von der ich den Garten zuerst von der Taxitür aus gesehen hatte. Ich wollte mir meinen ersten Eindruck zum zweiten Mal verschaffen.

Und dieses Mal erkannte ich in dem verwilderten Garten einen eindeutigen Plan, der, so glaube ich seit damals, im Auge des Gestalters vorhanden gewesen war. Jetzt aber begann das Zimmer, das wir zuerst betreten hatten, und das mich irritiert hatte, eine Bedeutung auszustrahlen, und alles, was man vorfand, hatte seine Richtigkeit. Das verkrustete Tintenfass, das Elise auf den Kaminsims gestellt hatte, platzierte ich wieder auf dem Tisch, um sicherzugehen. Ich sah eine Fotografie, die ich vorher nicht bemerkt hatte, und erkannte den berühmten Dichter.

It was the same with the upstairs room where Elise had put me, and I handled the books again, not so much with the sense that they belonged to the famous poet but with some curiosity about how they had been made. The sort of question that occurred to me was where the paper had come from and from what sort of vegetation was manufactured the black print, and these things have not troubled me since.

The Australians and the Cockney girl came around about seven. I had planned to catch an eight-thirty train to the country, but when I telephoned to confirm the time I found there were no Sunday trains running. Elise, in her friendly and exhausted way, begged me to stay without attempting to be too serious about it. The sirens were starting up again. I asked Elise once more to repeat that the poet and his family could by no means return that night. But I asked this question more abstractedly than before, as I was thinking of the sirens and of the exact proportions of the noise they made. I wondered, as well, what sinister genius of the Home Office could have invented so ominous a wail, and why. And I was thinking of the word 'siren'. The sound then became comical, for I imagined some maniac sea nymph from centuries past belching into the year 1944. Actually, the sirens frightened me.

Most of all, I wondered about Elise's party. Everyone roamed about the place as if it were nobody's house in particular, with Elise the best-behaved of the lot. The Cockney girl sat on the long table and gave of her best to the skies every time a bomb exploded. I had the feeling that the house

Das gleiche geschah mit dem Zimmer oben, in das Elise mich geschickt hatte, und ich nahm erneut die Bücher in die Hand, nicht so sehr mit dem Gefühl, dass sie dem berühmten Dichter gehörten, sondern weil ich neugierig war, wie sie gemacht waren. Die Fragen, die mir in den Sinn kamen, drehten sich darum, woher das Papier stammte und aus welcher Pflanze die schwarze Druckerfarbe hergestellt wurde. Diese Dinge haben mir seitdem kein Kopfzerbrechen mehr gemacht.

Die Australier und das Cockney-Mädchen kamen gegen Sieben. Ich hatte geplant, einen Zug um halb Neun aufs Land zu nehmen, aber als ich anrief, um die Abfahrtszeit bestätigen zu lassen, stellte sich heraus, dass am Sonntag keine Züge mehr fuhren. Elise bat mich in ihrer freundlichen und erschöpften Art, zu bleiben, wobei sie sich keine Mühe gab, allzu ernst zu wirken. Die Sirenen fingen wieder an zu heulen. Ich bat Elise noch einmal zu bestätigen, dass der Dichter und seine Familie unter keinen Umständen in dieser Nacht zurückkehren würden. Aber ich stellte die Frage abstrakter als vorher, weil ich gleichzeitig an die Sirenen dachte und an die genauen Lärmverhältnisse, die sie verursachten. Ich fragte mich auch, welcher unselige Geist im Innenministerium sich ein solch unheilvolles Heulen hatte ausdenken können, und warum überhaupt. Und ich dachte über das Wort «Sirene» nach. Dabei wurde der Klang komisch, da ich mir eine wahnsinnige Meeresnymphe aus grauer Vorzeit vorstellte, die in das Jahr 1944 röhrte. Um ehrlich zu sein – die Sirenen machten mir Angst.

Am meisten wunderte ich mich über Elises Party. Alle wanderten in dem Haus herum, als ob es niemand Besonderem gehörte, wobei sich Elise noch am besten benahm. Das Cockney-Mädchen saß an dem langen Tisch und fluchte jedesmal, wenn eine Bombe explodierte. Es kam mir vor, als sei dieses Haus für einen Abend vom Militär beschlag-

had been requisitioned for an evening by the military. It was so hugely and everywhere occupied that it became not the house I had first entered, nor the house of the famous poet, but a third house – the one I had vaguely prefigured when I stood, bored, on the platform at King's Cross station. I saw a great amount of tiredness among these people, and heard, from the loud noise they made, that they were all lacking sleep. When the beer was finished and they were gone, some to their billets, some to pubs, and the Cockney girl to her Underground shelter where she had slept for weeks past, I asked Elise, "Don't you feel tired?"

"No," she said with agonizing weariness, "I never feel tired."

I fell asleep myself, as soon as I had got into the bed on the floor in the upstairs room, and overslept until Elise woke me at eight. I had wanted to get up early to catch a nine o'clock train, so I hadn't much time to speak to her. I did notice, though, that she had lost some of her tired look.

I was pushing my things into my hold-all while Elise went up the street to catch a taxi when I heard someone coming upstairs. I thought it was Elise come back, and I looked out of the open door. I saw a man in uniform carrying an enormous parcel in both hands. He looked down as he climbed, and had a cigarette in his mouth.

"Do you want Elise?" I called, thinking it was one of her friends.

He looked up, and I recognized the soldier, the throw-back, who had given us cigarettes in the train.

nahmt worden. Es wurde in einem solchen Maß überall in Besitz genommen, dass es nicht mehr das Haus war, das ich zuerst betreten hatte, und auch nicht mehr das Haus des berühmten Dichters, sondern ein drittes Haus – und zwar dasjenige, das ich mir vage ausgemalt hatte, als ich gelangweilt auf dem Bahnsteig in King's Cross gestanden hatte. Ich bemerkte eine enorme Müdigkeit unter diesen Leuten und hörte an dem großen Lärm, den sie machten, dass es ihnen allen an Schlaf fehlte. Als das Bier ausgetrunken war und sie gegangen waren, manche in ihre Quartiere, andere in Pubs, und das Cockney-Mädchen in ihren U-Bahn-Unterschlupf, wo sie die letzten Wochen über geschlafen hatte, fragte ich Elise: «Bist du nicht müde?»

«Nein», sagte sie mit qualvoller Mattheit, «ich bin nie müde».

Ich selber schlief ein, sobald ich mich in das Bett auf dem Fußboden im oberen Zimmer gelegt hatte, und verschlief, bis mich Elise um acht Uhr weckte. Ich hatte vorgehabt, früh aufzustehen, um einen Zug um neun Uhr zu bekommen, weshalb mir nicht viel Zeit blieb, mit ihr zu reden. Trotzdem fiel mir auf, dass sie etwas von ihrem müden Blick verloren hatte.

Ich stopfte meine Sachen in meine Reisetasche, während Elise auf die Straße lief, um ein Taxi zu rufen, als ich plötzlich jemanden die Treppe hochkommen hörte. Ich dachte, es sei die zurückgekehrte Elise und schaute aus der offenen Tür. Ich sah einen Mann in Uniform, der ein riesiges Paket in beiden Händen trug. Er schaute beim Hinaufsteigen nach unten und hatte eine Zigarette im Mund.

«Suchen Sie Elise?» sprach ich ihn in der Annahme an, es sei einer ihrer Freunde.

Er schaute auf, und ich erkannte den Soldaten, den Zurückgebliebenen, der uns im Zug Zigaretten geschenkt hatte.

"Well, anyone will do," he said. "The thing is, I've got to get back to camp and I'm stuck for the fare – eight and six."

I told him I could manage it, and was finding the money when he said, putting his parcel on the floor, "I don't want to borrow it. I wouldn't think of borrowing it. I've got something for sale."

"What's that?" I said.

"A funeral," said the soldier. "I've got it here."

This alarmed me, and I went to the window. No hearse; no coffin stood below. I saw only the avenue of trees.

The soldier smiled. "It's an abstract funeral," he explained, opening the parcel.

He took it out and I examined it carefully, greatly comforted. It was very much the sort of thing I had wanted – rather more purple in parts than I would have liked, for I was not in favour of this colour of mourning. Still, I thought I could tone it down a bit.

Delighted with the bargain, I handed over the eight shillings and sixpence. There was a great deal of this abstract funeral. Hastily, I packed some of it into the holdall. Some I stuffed in my pockets, and there was still some left over. Elise had returned with a cab and I hadn't much time. So I ran for it, out of the door and out of the gate of the house of the famous poet, with the rest of my funeral trailing behind me.

You will complain that I am withholding evidence. Indeed, you may wonder if there is any evidence at all. "An abstract funeral," you will

« Ach, egal wen », sagte er. « Die Sache ist die, ich muss zurück ins Feld, aber ich habe kein Geld für die Fahrkarte – achteinhalb Schilling. »

Ich erklärte ihm, dass es kein Problem für mich sei, und suchte nach meinem Geld, als er sagte, während er sein Paket auf dem Boden abstellte: « Ich möchte es nicht leihen. Leihen kommt für mich überhaupt nicht in Frage. Ich habe etwas zu verkaufen. »

« Und was? » fragte ich.

« Eine Beerdigung », sagte der Soldat. « Ich hab hier eine dabei. »

Das erschreckte mich, und ich lief zum Fenster. Kein Leichenwagen, kein Sarg stand unten. Ich sah nur die baumgesäumte Allee.

Der Soldat lächelte. « Es handelt sich um ein abstraktes Begräbnis », erklärte er, während er sein Paket öffnete.

Er nahm es heraus, und ich betrachtete es sorgfältig und mit großer Erleichterung. Es war ziemlich genau das, was ich schon immer einmal hatte haben wollen – stellenweise etwas zu viel Violett nach meinem Empfinden, denn ich hatte keine Vorliebe für diese Trauerfarbe. Aber es war bestimmt möglich, es ein wenig abzutönen.

Erfreut über den Handel reichte ich ihm die achteinhalb Schilling. Es war eine große Menge dieses abstrakten Begräbnisses. Eilig packte ich einen Teil in meine Reisetasche. Einen anderen Teil stopfte ich in meine Taschen, aber es war immer noch etwas übrig. Elise war mit einem Taxi zurückgekehrt, und mir blieb nicht mehr viel Zeit. Also rannte ich hinaus, aus der Tür und aus dem Tor des Hauses des berühmten Dichters, und zog den Rest meines Begräbnisses hinter mir her.

Sie werden sich darüber beklagen, dass ich Ihnen Beweise vorenthalte. Vielleicht fragen Sie sich, ob es überhaupt Beweise gibt. « Ein abstraktes Begräbnis », werden Sie sagen, « gibt es weder hier noch dort. Es ist nur eine Vor-

say, "is neither here nor there. It is only a notion. You cannot pack a notion into your bag. You cannot see the colour of a notion."

You will insinuate that what I have just told you is pure fiction.

Hear me to the end.

I caught the train. Imagine my surprise when I found, sitting opposite me, my friend the soldier, of whose existence you are so sceptical.

"As a matter of interest," I said, "how would you describe all this funeral you sold me?"

"Describe it?" he said. "Nobody describes an abstract funeral. You just conceive it."

"There is much in what you say," I replied. "Still, describe it I must, because it is not every day one comes by an abstract funeral."

"I am glad you appreciate that," said the soldier.

"And after the war," I continued, "when I am no longer a civil servant, I hope, in a few deftly turned phrases, to write of my experiences at the house of the famous poet, which has culminated like this. But of course," I added, "I will need to say what it looks like."

The soldier did not reply.

"If it were an okapi or a sea-cow," I said, "I would have to say what it looked like. No one would believe me otherwise."

"Do you want your money back?" asked the soldier. "Because if so, you can't have it. I spent it on my ticket."

"Don't misunderstand me," I hastened to say. "The funeral is a delightful abstraction. Only, I wish to put it down in writing."

I felt a great pity for the soldier on seeing his

stellung. Eine Vorstellung kann man nicht in seine Tasche stecken. Und die Farbe von etwas Vorgestelltem kann man nicht sehen.»

Sie werden darauf bestehen, dass das, was ich Ihnen gerade erzählt habe, reine Erfindung ist.

Hören Sie mir bis zum Ende zu.

Ich nahm den Zug. Stellen Sie sich meine Überraschung vor, als ich mich im Zug meinem Freund, dem Soldaten, gegenüber sah, dessen Existenz Sie so sehr anzweifeln.

«Aus reinem Interesse», sagte ich, «wie würden Sie die Beerdigung, die Sie mir verkauft haben, beschreiben?»

«Beschreiben?» sagte er. «Niemand beschreibt ein abstraktes Begräbnis. Man begreift es einfach.»

«Da ist was Wahres dran», erwiderte ich. «Dennoch muss ich es beschreiben, denn man begegnet einem abstrakten Begräbnis nicht alle Tage.»

«Ich bin froh, dass Sie das anerkennen», sagte der Soldat.

«Und nach dem Krieg», fuhr ich fort, «wenn ich keine Beamtin mehr bin, hoffe ich, in wenigen geschickt formulierten Sätzen von meinen Erlebnissen im Haus des berühmten Dichters zu schreiben, die hierin gipfelten. Aber natürlich», fügte ich hinzu, «werde ich beschreiben müssen, wie es aussieht.»

Der Soldat antwortete nicht.

«Wenn es um ein Okapi oder um eine Seekuh ginge», sagte ich, «würde ich beschreiben müssen, wie sie aussehen. Keiner würde mir sonst glauben.»

«Möchten Sie Ihr Geld zurück?», fragte der Soldat. «Selbst wenn Sie wollten – es ginge gar nicht. Ich habe es für meine Fahrkarte ausgegeben.»

«Verstehen Sie mich nicht falsch», beeilte ich mich zu sagen. «Das Begräbnis ist eine wunderbare Abstraktion. Ich möchte es nur gern in Worte fassen.»

Ich hatte großes Mitleid mit dem Soldaten, als ich sei-

worried look. The apelike head seemed the saddest thing in the world.

"I make them by hand," he said, "these abstract funerals."

A siren sounded somewhere, far away.

"Elise bought one of them last month. She hadn't any complaints. I change at the next stop," he said, getting down his kit from the rack. "And what's more," he said, "your famous poet bought one."

"Oh, did he?" I said.

"Yes," he said. "No complaints. It was just what he wanted – the idea of a funeral."

The train pulled up. The soldier leaped down and waved. As the train started again, I unpacked my abstract funeral and looked at it for a few moments.

"To hell with the idea," I said. "It's a real funeral I want."

"All in good time," said a voice from the corridor.

"You again," I said. It was the soldier.

"No," he said. "I got off at the last station. I'm only a notion of myself."

"Look here," I said, "would you be offended if I throw all this away?"

"Of course not," said the soldier. "You can't offend a notion."

"I want a real funeral," I explained. "One of my own."

"That's right," said the soldier.

"And then I'll be able to write about it and go into all the details," I said.

"Your own funeral?" he said. "You want to write it up?"

nen beunruhigten Blick sah. Es schien auf der Welt nichts Traurigeres zu geben, als diesen affenähnlichen Kopf.

«Ich stelle sie in Handarbeit her», sagte er, «diese abstrakten Begräbnisse».

Eine Sirene ertönte irgendwo, in weiter Ferne.

«Elise hat im vergangenen Monat eins gekauft. Sie hatte keinen Anlass zur Klage. Ich steige am nächsten Halt um», sagte er und nahm seine Ausrüstung vom Gepäcknetz. «Übrigens», sagte er, «auch Ihr berühmter Dichter hat eins gekauft.»

«Ach, tatsächlich?» sagte ich.

«Ja», sagte er. «Es gab keine Beschwerden. Es war genau das, was er wollte – die Vorstellung einer Beerdigung.»

Der Zug hielt an. Der Soldat sprang hinaus und winkte. Als der Zug wieder losfuhr, packte ich mein abstraktes Begräbnis aus und betrachtete es eine Weile.

«Zum Teufel mit der Idee», sagte ich, «ich möchte ein richtiges Begräbnis.»

«Alles zu seiner Zeit», sagte eine Stimme vom Gang her.

«Sie schon wieder», sagte ich. Es war der Soldat.

«Nein», sagte er. «Ich bin an der letzten Station ausgestiegen. Ich bin nur die Vorstellung von mir.»

«Schauen Sie», sagte ich, «wären Sie beleidigt, wenn ich das Ganze hier wegwürfe?»

«Natürlich nicht», sagte der Soldat. «Eine Vorstellung kann man nicht beleidigen.»

«Ich möchte ein richtiges Begräbnis», erklärte ich. «Mein eigenes.»

«Das ist in Ordnung», sagte der Soldat.

«Dann werde ich in der Lage sein, darüber zu schreiben und alle Einzelheiten zu schildern», sagte ich.

«Ihre eigene Beerdigung?» erwiderte er. «Sie wollen sie aufschreiben?»

"Yes," I said.

"But," said he, "you're only human. Nobody reports on their own funeral. It's got to be abstract."

"You see my predicament?" I said.

"I see it," he replied. "I get off at this stop."

This notion of a soldier alighted. Once more the train put on speed.

Out of the window I chucked all my eight and sixpence worth of abstract funeral. I watched it fluttering over the fields and around the tops of camouflaged factories with the sun glittering richly upon it, until it was out of sight.

In the summer of 1944 a great many people were harshly and suddenly killed. The papers reported, in due course, those whose names were known to the public. One of these, the famous poet, had returned unexpectedly to his home at Swiss Cottage a few moments before it was hit direct by a flying bomb. Fortunately, he had left his wife and children in the country.

When I got to the place where my job was, I had some time to spare before going on duty. I decided to ring Elise and thank her properly, as I had left in such a hurry. But the lines were out of order, and the operator could not find words enough to express her annoyance with me. Behind this overworked, quarrelsome voice from the exchange I heard the high, long hoot which means that the telephone at the other end is not functioning, and the sound made me infinitely depressed and weary; it was more intolerable to me than the sirens, and I replaced the receiver; and, in fact, Elise had already perished under the house of the famous poet.

The blue cracked bathroom, the bed on the

«Ja», sagte ich.

«Aber», sagte er, «Sie sind nur ein Mensch. Keiner berichtet über sein eigenes Begräbnis. Es muss abstrakt sein.»

«Verstehen Sie mein Dilemma?», fragte ich.

«Ich verstehe es», erwiderte er. «Ich steige hier aus.»

Die Vorstellung des Soldaten stieg aus. Der Zug fuhr wieder an.

Ich warf mein achteinhalb Schilling teures Begräbnis aus dem Fenster. Ich schaute zu, wie es über die Felder und um die Schornsteine der getarnten Fabriken flatterte. Die Sonne flimmerte auf ihm, bis es außer Sicht war.

Im Sommer 1944 starben viele Menschen grausam und plötzlich. Die Zeitungen meldeten Tag für Tag die Namen derjenigen, die der Öffentlichkeit bekannt gewesen waren. Einer von ihnen, der berühmte Dichter, war unerwarteter Weise wieder in sein Haus in Swiss Cottage gekommen, kurz bevor es von einer Raketenbombe getroffen wurde. Zum Glück hatte er seine Frau und Kinder auf dem Land zurückgelassen.

Als ich den Ort meiner Arbeitsstelle erreichte, hatte ich ein wenig Zeit zur Verfügung, bevor mein Dienst begann. Ich entschloss mich, Elise anzurufen, um ihr angemessen zu danken, weil ich in solcher Eile hatte aufbrechen müssen. Aber die Leitungen waren gestört, und die Person vom Fernamt konnte gar nicht genug Worte finden, um mir ihre Verärgerung über mich mitzuteilen. Im Hintergrund dieser überarbeiteten, zänkischen Stimme von der Vermittlung hörte ich das hohe, langgezogene Pfeifen. Dies bedeutete, dass das Telefon am anderen Ende nicht funktionierte. Der Ton machte mich unendlich deprimiert und müde. Er war mir unerträglicher als der Klang der Sirenen, und ich legte den Hörer auf. Tatsächlich war Elise bereits unter dem Haus des berühmten Dichters umgekommen.

Das blaue schäbige Badezimmer, das Bett auf dem Fuß-

floor, the caked ink bottle, the neglected garden, and the neat rows of books – I try to gather them together in my mind whenever I am enraged by the thought that Elise and the poet were killed outright. The angels of the Resurrection will invoke the dead man and the dead woman, but who will care to restore the fallen house of the famous poet if not myself? Who else will tell its story?

When I reflect how Elise and the poet were taken in – how they calmly allowed a well-meaning soldier to sell them the notion of a funeral, I remind myself that one day I will accept, and so will you, an abstract funeral, and make no complaints.

boden, das vertrocknete Tintenfass, der vernachlässigte Garten und die ordentlichen Bücherreihen – immer will ich sie in meiner Vorstellung zusammenbringen, wenn mich der Gedanke wütend macht, dass Elise und der berühmte Dichter gleich tot waren. Die Engel der Auferstehung werden den toten Mann und die tote Frau zu sich rufen, aber wer wird sich darum kümmern, das eingestürzte Haus des berühmten Dichters wieder aufzubauen, wenn nicht ich? Wer sonst könnte seine Geschichte erzählen?

Wenn ich darüber nachdenke, wie es Elise und den Dichter erwischt hat – wie sie in aller Ruhe zuließen, dass ein wohlmeinender Soldat ihnen die Vorstellung eines Begräbnisses verkaufte, mache ich mir bewusst, dass eines Tages auch ich mit einem abstrakten Begräbnis einverstanden sein werde – auch Sie werden das – und zwar ohne Klage.

Elizabeth Taylor: Mr Wharton

The furnished flat in a London suburb fell vacant on a Monday and Hilda Provis, having collected the key from the agents in the High Street, walked down the hill towards Number Twenty. It was half-past eleven in the morning and early summer. In the quiet road, houses – some quite large – stood in dusty gardens full of may trees and laburnums, past blossoming. There had been no rain for a fortnight and, in the gutters and under garden walls, drifts of powdery dead petals and seeds had collected. The air had a dry, polleny smell.

It was a strange land to Hilda, and a great adventure. She was to be here for a week, to see her daughter settled into the flat; had quite insisted on coming, had been obliged to insist; for Pat had thought she could manage very well on her own, had begged her mother not to put herself to so much trouble, coming so far – from the country near Nottingham, in fact. There was no need, she had written. But Hilda desperately maintained that there was.

When Pat first went to work in London, living there in a hostel, Hilda, left alone and nervous at night, moved to her sister's, thinking that anything was better than seeming to hear burglars all the time; but she and her brother-in-law did not get on well together, and she longed for a home of her own and to have her daughter back. It was with a joyful excitement that she descended the hill this morning and pushed open the heavy gate of Number Twenty.

It was a tall house with a flight of steps to the

Elizabeth Taylor: Mr Wharton

Die möblierte Wohnung in dem Londoner Vorort wurde an einem Montag frei, und nachdem Hilda Provis den Schlüssel beim Makler in der Hauptstraße abgeholt hatte, lief sie den Hügel in Richtung Nummer Zwanzig hinunter. Es war morgens halb zwölf, und Sommer. In der ruhigen Straße standen die Häuser – manche von ihnen recht groß – in grauen Gärten voller verblühter Rotdorn- und Goldregenbäume. Es hatte vierzehn Tage lang nicht geregnet und in den Straßengräben und unter den Gartenzäunen hatten sich Haufen toter Blütenblätter und Samen angesammelt. Die Luft war von einem trockenen, pollenhaltigen Duft erfüllt.

Es war ein fremdes Land für Hilda, und ein großes Abenteuer. Sie würde für eine Woche hier sein, um ihrer Tochter beim Einzug in die Wohnung zu helfen. Sie hatte nachdrücklich darauf bestanden, zu kommen, hatte darauf bestehen müssen. Denn Pat war der Meinung, sie komme sehr gut alleine zurecht, und hatte ihre Mutter gebeten, sich nicht die große Mühe zu machen, so weit zu fahren – von der ländlichen Gegend bei Nottingham, um genau zu sein. Es sei nicht nötig, hatte sie geschrieben. Aber Hilda bestand hartnäckig darauf, dass es nötig sei.

Als Pat in London zu arbeiten begonnen hatte und dort in einem Wohnheim wohnte, zog Hilda, nunmehr allein und nachts ohne Ruhe, zu ihrer Schwester. Ihr Gedanke war, alles wäre besser, als in jeder Nacht vermeintliche Diebe zu hören. Aber sie verstand sich nicht gut mit ihrem Schwager, und so sehnte sie sich nach einem eigenen Zuhause und danach, ihre Tochter wieder bei sich zu haben. So lief sie am heutigen Morgen den Hügel in freudiger Erregtheit hinunter und stieß das schwere Tor der Nummer Zwanzig auf.

Es handelte sich um ein hohes Haus mit einer Treppe zur

front door and below them a basement area. The garden was neglected, growing only ferns and the grass between the broken tiles of the path. The lawn at the back was a lower level – in fact, the house was found to be built on a hillside. Down below, beyond the roofs of other houses, was London itself – grey, but for one or two bone-white church spires, sudden glitterings from windows or weather vanes struck by the sun, and one green dome floating in haze.

Hilda stood by the side door with the key in her hand and looked down at the view. It is a panorama, she thought; that really is the word for it. She could imagine it at night – dazzling it would be. She had never seen anything like it. Life teemed down there – traffic strove to disentangle itself, Pat pounded her typewriter; but to Hilda it was a lulled and dormant city, under its nearly midday haze, nothing doing, nothing stirring. She could not imagine anything happening beneath those pigeon-coloured roofs going down, street after street, lower and lower into the smoky mist.

After the brilliant out-of-doors, she was hit by cold dismay when she unlocked the door and stepped inside – such darkness, such an unfriendly smell of other people's belongings. The flat was clean, but not up to Hilda's standards. She went from the hall into a kitchen. The previous tenants had left remains – a little flour in a bin, some sugar in a jar, a worn-out dish-cloth and a piece of dirty soap. She disposed of these before taking off her hat. A spider sat in the sink and she swilled it down the drain.

The living-room window looked into the area. She opened it and let in the sound of footsteps on

Haustür und einem Kellergeschoss. Der Garten war vernachlässigt, es wuchsen nur Farne und Gras zwischen den zerbrochenen Steinplatten des Weges. Der Rasen auf der hinteren Seite lag tiefer, denn das Haus war an den Hang gebaut. Noch weiter unten, hinter den Dächern anderer Häuser, lag London selbst – grau bis auf ein oder zwei kalkweiße Kirchturmspitzen, hier und da ein kurzes Glitzern von Fenstern oder Wetterfahnen, die von der Sonne getroffen wurden, und eine grüne Kuppel, die im Dunst schwamm.

Hilda stand am Seiteneingang mit dem Schlüssel in der Hand und betrachtete die Aussicht dort hinunter. Es ist ein Panorama, dachte sie; das ist das richtige Wort dafür. Sie konnte es sich bei Nacht vorstellen – es würde strahlen. Sie hatte noch nie etwas Ähnliches gesehen. Es wimmelte da unten von Leben – der Verkehr hatte Mühe sich zu entwirren, Pat hämmerte auf ihrer Schreibmaschine. Aber Hilda erschien die Stadt ruhend und untätig in ihrem fast mittäglichen Dunst. Nichts tat sich, nichts rührte sich. Sie konnte sich nicht vorstellen, dass irgendetwas unterhalb der taubengrauen Dächer geschah, die, Straße um Straße, tiefer und tiefer im rauchigen Nebel versanken.

Nach der Helligkeit draußen überfiel sie eine kalte Bestürzung, als sie die Tür aufschloss und nach drinnen ging – so eine Dunkelheit, so ein unfreundlicher Geruch, der von der Habe anderer Leute ausging. Die Wohnung war sauber, allerdings nicht nach Hildas Ansprüchen. Sie ging vom Flur in die Küche. Die vorherigen Bewohner hatten Reste hinterlassen: ein wenig Mehl in einer Dose, etwas Zucker in einem Glas, ein abgenutztes Tischtuch und ein Stück schmutziger Seife. Sie warf das alles in den Müll, bevor sie den Hut abnahm. Eine Spinne saß im Spülbecken, sie spülte sie den Abfluss hinunter.

Das Wohnzimmerfenster bot einen Blick in die Umgebung. Hilda öffnete es und ließ den Klang von Fußtritten

the pavement above. Furniture was either black and in the Jacobean style, or Indian with trellis-work and brass. So many twisted chair-legs needing a polish. A green stain had been allowed to spread from bath taps to plug, but Hilda knew a way of removing it. The bedroom was full of sunshine, for the smeared windows looked out over the lawn at the back and at the panorama beyond it. It smelt of sun-warmed carpet and cushion dust. She opened the windows, and then the drawers of the chest. They were lined with old paper and there were oddments left behind in most of them – curtain-rings, safety pins, a strip of beading which she could see had fallen off the wardrobe. This she could glue on again, though it was not her duty to do so. Of the two beds, she thought Pat would prefer the one by the window.

In the afternoon, she went shopping. The street where the shops were climbed steeply towards the heath and, turning corners, looking down side streets, she was sometimes surprised by a sudden openness and glimpsed from different sides the city below.

Everything she bought added to her pleasure and excitement. She was reminded of being a bride again. It seemed a long time since she had planned a meal or chosen a piece of fish or done anything on her own. Knowing no one in the shops, she felt shy; but her loneliness was wonderful to her and her slow pace, as she sauntered along, was tuned to it.

The leisurely afternoon was very pleasant. Babies lay awake under the canopies of their perambulators, staring sternly upwards, making purling sounds like doves, or fidgeted, turning their

vom Bürgersteig oben herein. Die Möbel waren entweder schwarz und im jakobäischen Stil, oder indisch mit Gitterwerk und Messingbeschlägen. Viele der gedrechselten Stuhlbeine mussten poliert werden. In der Badewanne hatte sich von den Wasserhähnen zum Stöpsel hin ein grüner Fleck ausbreiten dürfen, aber Hilda wusste, wie er zu beseitigen war. Das Schlafzimmer lag im Sonnenschein, denn die verschmierten Fenster schauten über den rückseitigen Rasen auf das Panorama dahinter. Es roch nach sonnenwarmem Teppich und Kissenstaub. Sie öffnete die Fenster und dann die Schubladen der Kommode. Sie waren mit altem Papier ausgelegt, und in fast allen fanden sich zurückgelassene Gegenstände: Gardinenringe, Sicherheitsnadeln, ein Stückchen Zierleiste, das, so entdeckte sie, vom Schrank abgebrochen war. Sie konnte es wieder ankleben, obwohl das nicht ihre Aufgabe war. Sie überlegte, dass von den zwei Betten Pat das am Fenster bevorzugen würde.

Am Nachmittag ging sie einkaufen. Die Geschäftsstraße zog steil in Richtung der Heath hinauf, und sie wurde das eine oder andere Mal, wenn sie um eine Ecke bog oder eine der Seitenstraßen hinunter schaute, überrascht von einem plötzlichen Ausblick und erhaschte so die unten liegende Stadt aus verschiedenen Blickwinkeln.

Alles, was sie kaufte, trug zu ihrer Freude und ihrem Vergnügen bei. Es erinnerte sie daran, wie sie sich als Braut gefühlt hatte. Es schien lange her zu sein, dass sie eine Mahlzeit vorbereitet, ein Stück Fisch ausgesucht oder irgend etwas alleine getan hatte. Da sie niemanden in den Geschäften kannte, war sie schüchtern. Aber ihre Einsamkeit erschien ihr wunderbar, und ihr langsamer Schritt, mit dem sie umher bummelte, war darauf eingestimmt.

Der geruhsame Nachmittag war sehr angenehm. Säuglinge lagen wach unter den Sonnendächern ihrer Kinderwagen, schauten finster nach oben, gaben gurrende Töne wie Tauben von sich oder zappelten, indem sie ungeduldig

wrists impatiently, arching their backs and thrusting limbs out into the sunshine. Hilda peeped at each one, stooped to look under the canopies, and blew kisses. If she had been childless herself, she thought she must have looked in another direction. As it was, she just felt momentarily wistful; it was nothing distressing. The young mothers all paused for her, quite patient while they shared their marvels.

Everything glittered in the fine air of this high suburb. A warm rubbery puff of air flowed out from the Underground station at the crossroads; and out of it, too, in a couple of hours, Pat would hasten – on a tide of rush-hour workers, gradually thinning themselves out in different directions, she down the hill under the trees to Number Twenty.

Outside a greengrocer's, on the wide pavement, was a stall of bedding plants and, although her basket was full, Hilda stopped to buy a pot of bright red double daisies. ("Chubby" daisies, Pat had called them when she was a little girl.) She was tired, for she had scoured the bath, and polished all the curly furniture, and was not used to doing so much. At her sister's, she was inclined to indispositions and began most days with a health bulletin which was taken in silence – discourteously, she thought. They were selfish people her sister and brother-in-law – she had long ago decided; too much wrapped up in themselves, in the manner of childless people.

The front door of Number Twenty was open, and there were sounds of life. A toddler with wide-apart legs, napkins dropping, came on to the steps, then an arm swooped after him and lifted him

mit ihren Händen winkten, den Rücken durchbogen und die Glieder in den Sonnenschein hinaus reckten. Hilda warf einen verstohlenen Blick auf jeden, beugte sich hinab, um unter die Sonnendächer zu schauen, und pustete ihnen Kusshändchen zu. Wäre sie selber kinderlos gewesen, hätte sie vermutlich anderswohin schauen müssen. So fühlte sie nur eine augenblickliche Wehmut, die nicht betrüblich war. Die jungen Mütter hielten alle für sie an, sehr geduldig, während sie ihre Wundergeschichten austauschten.

Alles glitzerte in der frischen Luft dieses hochgelegenen Vorortes. Ein Schwall Luft wie von warmem Gummi strömte aus der U-Bahn-Station an der Straßenkreuzung. Aus ihr heraus würde in ein paar Stunden auch Pat hasten, in einer Welle von Stoßzeit-Arbeitern, die sich allmählich in verschiedene Richtungen verlief, und würde in Richtung der Nummer Zwanzig den Hügel unter den Bäumen hinuntereilen.

Vor einem Gemüsehändler auf dem breiten Bürgersteig gab es einen Stand mit Setzlingen, und obwohl ihr Korb voll war, hielt Hilda an, um einen Topf hellroter Tausendschönchen zu kaufen. (‹Pausbackenblümchen› hatte Pat sie genannt, als sie ein kleines Mädchen war.) Sie war müde, denn sie hatte das Bad gescheuert und all die verschnörkelten Möbel poliert und war es doch gar nicht gewohnt, so viel zu tun. Bei ihrer Schwester neigte sie dazu, sich unpässlich zu fühlen, weshalb fast jeder Tag mit einem Krankenbericht begann, der schweigend entgegen genommen wurde – unhöflicherweise, wie sie befand. Es waren eigensüchtige Leute, ihre Schwester und ihr Schwager, das hatte sie schon vor langem festgestellt. Viel zu sehr beschäftigt mit sich selbst, wie so viele Leute ohne Kinder.

Die Haustür der Nummer Zwanzig stand offen, und man konnte Lebenszeichen vernehmen. Ein Kleinkind mit gespreizten Beinen und tropfenden Windeln erschien auf der Treppe, dann griff plötzlich ein Arm nach ihm und hob es

back out of sight. I could get to know them, Hilda thought. I could keep an ear open for the baby while they went for a stroll in the evening. She even chose a pub in which they – whoever they were – could sit and have a quiet drink. She had noticed a nice one on her walk home from the shops; it had a horse's trough outside and a chestnut tree – like a country pub.

The flat was cool and smelt better now. She had discovered that other people's belongings were more interesting than her own – which by now were so familiar as to be invisible. She had innovated, improvised with the material to hand and was pleased with the effect. Unpacking her basket, stacking food on bare shelves, she remembered her first home, her first shopping – such a young bride she had been that she had thought of it as running the errands, until the moving truth had dawned on her that she herself must choose, and pay for, and bring home. Again, after all those years, she had a feeling of being watched, of not being entirely spontaneous. Methodically, she put the food away, washed some lettuce, found a saucer for the pot of daisies and began to lay the table for supper. "Hilda's managing well," she seemed to hear a voice say. It was as if she were doing everything for the first time.

The evening began to go slowly. She wandered about, waiting for Pat, putting finishing touches, glancing at the clock, straightening pictures ("Too awful," she thought – heathery moorlands, a rosy glow on the Alps), turning the chipped side of a vase to the wall.

She would have liked to unpack the big suit-

außer Sichtweite. Ich könnte sie kennenlernen, dachte Hilda. Ich könnte nach dem Baby sehen, während sie abends einen Spaziergang machen. Sie wählte sogar ein Pub aus, in dem sie – um wen es sich auch immer handelte – sitzen und gemütlich etwas trinken könnten. Sie hatte auf ihrem Weg von den Geschäften nach Hause eines bemerkt; es hatte einen Pferdetrog vor der Tür und einen Kastanienbaum – wie ein Landgasthof.

Die Wohnung war kühl und roch jetzt besser. Sie hatte entdeckt, dass sie sich mehr für die Habe anderer Leute interessierte als für ihre eigene, die ihr schon so vertraut war, dass sie unsichtbar schien. Sie hatte Einfallsreichtum bewiesen, hatte mit den Dingen, die zur Hand waren, improvisiert und war zufrieden mit dem Ergebnis. Während sie den Korb auspackte und Lebensmittel auf die leeren Regale stellte, erinnerte sie sich an ihre erste Wohnung, ihren ersten Einkauf – eine so junge Braut war sie gewesen, dass sie zunächst geglaubt hatte, nur Besorgungen für andere zu erledigen, bis ihr die ergreifende Wahrheit gedämmert hatte, dass sie selbst aussuchen, bezahlen und alles nach Hause tragen musste. Wieder, nach all diesen Jahren, hatte sie das Gefühl, beobachtet zu werden, nicht völlig unbefangen zu handeln. Methodisch räumte sie die Lebensmittel ein, wusch den Salat, fand einen Untersatz für den Topf mit dem Tausendschönchen und begann, den Tisch für das Abendessen zu decken. «Hilda kommt gut zurecht», hörte sie eine Stimme sagen. Es schien, als täte sie alles zum ersten Mal.

Der Abend begann sich hinzuziehen. Sie lief herum, auf Pat wartend, gab allem den letzten Schliff, blickte auf die Uhr, rückte Bilder gerade («Zu schrecklich», dachte sie – heidebewachsene Moorlandschaften, ein rosiges Alpenglühen) und drehte die angeschlagene Stelle einer Vase zur Wand.

Zu gern hätte sie den großen Koffer, der vom Wohnheim

case which had arrived from the hostel, but she had done this for her daughter before, and been told that she was interfering.

She sat down in the living-room, and stared out of the window, waiting for Pat's legs to appear above the area. She was by now quite nervous with anticipation, and felt that the girl would never come.

As long-awaited people come in the end as a surprise, so Pat did.

"Hello, dear," Hilda said, almost shyly, when she had hurried to open the door.

"My *feet*!" Pat said, flopping into a chair, dropping gloves and parcels on the floor. She kicked off her shoes and stared down at her large, bare, mottled feet. Her heaviness – of bone and features – suggested sculpture.
"Seated Woman" she might have been, glumly motionless.

"Did you have a bad day?" Hilda asked timidly.

"Oh, I had a bad day all right," Pat said, as if this went without saying. She leaned back now – almost "Reclining Woman" – and shook a lock of hair off her forehead. "That man!" She yawned and her eyes watered. Even looking at her made Hilda feel weary. The man was Mr Wharton, Pat's employer – a big Masonic Golfer, as she described him. He had a habit of returning from lunch at half-past three and then would dictate letters at a great rate to make up for lost time, and Pat, trying at the end of the day to keep up, was worn out, she said, by the time she left to join the rush-hour traffic. Mr Wharton was a very real person to Hilda, who had never seen him.

gekommen war, ausgepackt, aber sie hatte dies schon einmal für ihre Tochter getan und zu hören bekommen, dass sie sich einmischte.

Sie setzte sich im Wohnzimmer hin, starrte aus dem Fenster und wartete darauf, dass Pats Beine sich über dem Geschoss zeigen würden. Inzwischen war sie recht angespannt vor Erwartung und dachte, das Mädchen würde niemals ankommen.

So wie lang herbei gesehnte Menschen dann doch überraschend eintreffen, erschien auch Pat.

«Hallo, Liebes», sagte Hilda beinahe schüchtern, nachdem sie zur Tür gehastet war, um aufzumachen.

«Meine *Füße*», sagte Pat, warf sich in einen Sessel und ließ Handschuhe und Päckchen auf den Boden fallen. Sie kickte ihre Schuhe weg und betrachtete sich ihre großen nackten gesprenkelten Füße. Ihre Schwere – sowohl des Knochenbaus als auch ihrer Gesichtszüge – ließ einen an Skulpturen denken. Eine «Sitzende Frau» hätte sie darstellen können, niedergeschlagen unbewegt.

«Hattest du einen schlechten Tag?» fragte Hilda ängstlich.

«Ach, klar hatte ich einen schlechten Tag», sagte Pat, als ob das selbstverständlich sei. Sie lehnte sich jetzt zurück – wurde beinahe zur «Ruhenden Frau» – und schüttelte sich eine Locke aus der Stirn. «Dieser Mann!» Sie gähnte, und ihre Augen wurden feucht. Allein sie anzusehen machte Hilda müde. Der Mann war Mr Wharton, Pats Chef – ein kräftig gebauter Freimaurer und Golfspieler, so wie sie ihn beschrieb. Es war seine Gewohnheit, um halb vier vom Mittagessen zurückzukehren und dann eine Menge Briefe zu diktieren, um die verlorene Zeit wettzumachen, und Pat, die am Ende des Tages versuchte, mitzuhalten, war, so sagte sie, völlig erschöpft, wenn sie losging, um sich in den Stoßzeitverkehr zu begeben. Mr Wharton war eine sehr reale Gestalt für Hilda, die ihn nie gesehen hatte.

"Inconsiderate," she said, made quite indignant by Pat's long plaint.

"Comes back reeking – face the colour of those daisies."

"Disgusting," Hilda murmured, following Pat's glance. "I bought them this afternoon. 'Chubby daisies,' you used to call them."

"Did I?" Pat was not so much in love with herself as a child as her mother was and Hilda always found this indifference strange. "Expense accounts," Pat went on, and blew out her lips in contempt. "Eat and drink themselves stupid, and then go home and tell their wives what a hard day they've had. Well, it all looks very nice," she said at last, glancing round. "Even my cardigan smells of his bloody cigars." She sniffed at her sleeve with distaste. "You literally can't see across the office."

A huge man, like a bison, Hilda visualized. She felt great respect for her daughter, cooped up in that blue haze with such a character – managing him, too, with her icy reminders, her appearance at other times of praying for patience, her eyes closed, her pencil tapping her teeth. Hilda could see it all from her descriptions – Pat giving him one of her looks and saying briskly "*Do* you mind," when he stood too close to her. It was not a question.

Mother and daughter had changed places; Hilda sometimes thought. She felt a young girl in the shade of Pat's knowledge of the world. Yet once she herself had worked for her living – serving in a milliner's shop, full of anxieties, trying to oblige, so afraid of displeasing and

«Rücksichtslos», sagte sie sehr entrüstet durch Pats lange Klage.

«Kommt stinkend zurück – schau dir die Farbe dieser Tausendschönchen an.»

«Widerlich», murmelte Hilda und folgte Pats Blick. «Ich habe sie diesen Nachmittag gekauft. ‹Pausbackenblümchen› hast du sie früher genannt.»

«Habe ich das?» Pat war nicht so verliebt in sich als Kind wie es bei ihrer Mutter der Fall war, und Hilda fand diese Gleichgültigkeit immer seltsam. «Spesenkonto», fuhr Pat fort und verzog verächtlich den Mund. «Essen und trinken sich dämlich und gehen dann nach Hause und erzählen ihren Frauen, was für einen harten Tag sie hatten. Nun, es sieht alles sehr nett aus», sagte sie zuletzt mit einem Blick ringsherum. «Sogar meine Strickjacke riecht nach seinen verdammten Zigarren.» Sie schnupperte mit Widerwillen an ihrem Ärmel. «Man kann buchstäblich nicht durch das Büro schauen.»

Ein riesiger Mann, wie ein Wisent, so stellte ihn Hilda sich vor. Sie hatte großen Respekt vor ihrer Tochter, die in diesem blauen Dunst mit einem solchen Kerl eingesperrt war. Und sie kam sogar mit ihm zurecht, wenn sie ihn in eisigem Ton an etwas erinnerte oder, ein andermal, mit einem um Geduld flehenden Ausdruck, indem sie ihre Augen schloss und mit dem Bleistift an ihren Zähnen klapperte. Hilda konnte sich alles in ihren Beschreibungen vorstellen – Pat, die ihm einen ihrer Blicke zuwarf und spitz «Sie *entschuldigen*?» sagte, wenn er ihr zu nahe kam. Es war keine Frage.

Mutter und Tochter hatten die Rollen getauscht, dachte Hilda manchmal. Sie fühlte sich wie ein junges Mädchen im Schatten von Pats Weltgewandheit. Dabei hatte auch sie einmal für ihren Lebensunterhalt gearbeitet: sie hatte in einem Hutgeschäft bedient, voller Ängste, immer versucht, zu Gefallen zu sein, immer besorgt, jemanden zu verärgern

being dismissed. To earn one's livelihood is a precarious affair, and even Pat would say, "Well, if I can hold down a job like that for all these years…" She held it down firmly, her clever eyes on those who might try to snatch it from her; but she made it sound a desperate business.

"Well, it's nice not to be in that perishing hostel," she said. Hilda glowed with pleasure when they sat down at the table and Pat began to eat, as if she were quite content to be where she was. "Canteens!" she said. "The Lord preserve me from them. Tinned pilchards. Cottage pie. Never again."

Hilda had been worried for years about the food, especially as she had heard about working girls in London going without lunch – window-shopping or having their hair done instead. It will all be different now, she thought, watching Pat's knife and fork slashing criss-cross at the food which, though not commented on, seemed to be approved. I can't at her age, Hilda thought, tell her not to talk with her mouth full – for all the time the knife and fork were shredding and spearing and popping things into her mouth, Pat was describing Mr Wharton's private life. Hilda found it all trivial and uninteresting. She did not care enough to try to visualize Mr Wharton gardening on Saturday, playing golf on Sundays and going to cocktail parties, of which there seemed to be so many in the Green Belt where he lived. She saw him more clearly in his smoke-filled office.

"I met his wife once," Pat said. "She came

und deshalb entlassen zu werden. Seinen Lebensunterhalt zu verdienen ist eine unsichere Angelegenheit, und sogar Pat sagte « Nun, wenn ich in der Lage bin, all diese Jahre in einer Stellung wie dieser zu bleiben… » Sie hielt eisern an dieser Stellung fest und richtete ihre Augen auf diejenigen, die versuchen könnten, sie ihr wegzunehmen; aber sie sagte es so, dass es nach einem hoffnungslosen Unterfangen klang.

« Nun, es ist angenehm, nicht in diesem heruntergekommenen Wohnheim zu leben », sagte sie. Hilda strahlte vor Freude, als sie sich an den Tisch setzten und Pat anfing zu essen, so als ob sie recht zufrieden war, zu bleiben, wo sie war. « Kantinen ! », sagte sie. « Der Himmel schütze mich vor ihnen. Sardinen aus der Büchse. Cottage Pie. Nie wieder ! »

Hilda hatte sich jahrelang Sorgen wegen des Essens gemacht, besonders, als sie von den arbeitenden Mädchen in London gehört hatte, die nicht zu Mittag aßen, sondern stattdessen Schaufensterbummel machten oder zum Friseur gingen. Jetzt wird alles anders, dachte sie, während sie Pats Messer und Gabel zusah, die kreuz und quer durch das Essen schnitten, das ihr, obwohl sie es nicht aussprach, zu schmecken schien. In ihrem Alter kann ich ihr nicht sagen, dachte Hilda, dass man nicht mit vollem Mund spricht – denn während der ganzen Zeit, in der Messer und Gabel etwas zerkleinerten, aufspießten und ihr in den Mund steckten, beschrieb Pat Mr Whartons Privatleben. Hilda fand das alles trivial und uninteressant. Es war ihr nicht der Mühe wert, sich Mr Wharton bei der samstäglichen Gartenarbeit vorzustellen, oder wie er sonntags Golf spielte und zu Cocktailparties ging, die in dem Grüngürtel, in dem er zu wohnen schien, offenbar so zahlreich gegeben wurden. Sie hatte ihn deutlicher in seinem raucherfüllten Büro vor Augen.

« Einmal habe ich seine Frau getroffen », sagte Pat. « Sie

to call for him and they went out to lunch. Very dowdy. I'll give you a hand," she added, and stirred slightly as Hilda began to stack up plates.

"No, you sit still. Make the most of it while I'm here." But Hilda had begun to believe that she would never go. She would make herself so useful.

"I wish I had your figure," Pat said, watching her mother moving neatly about the room. She said it in a grudging voice, as if Hilda had meanly kept something for herself which she, Pat, would have liked to possess. It was not and had not been the pattern of their lives for this to happen.

Hilda blushed with guilty pleasure. There was something so sedentary about her daughter – not only because of her office job, for as a child she had sat about all the time, reading comics, chewing her handkerchief, twisting her braided hair, very often just lethargically sulking. At this moment, she was slumped back in her chair, eating a banana, the skin of it hanging down in strips over her hand.

"I might bring Mavis Willis back tomorrow evening," she said. "She's thinking of sharing the flat with me. Let her have a look round and make up her mind." She got up and went to the area window and looked meditatively up at the railings.

"Quiet here, isn't it?" she said. She stayed there for a long time, just gazing out of the window, and Hilda, clearing the table, wondered what she was thinking.

Mavis Willis was a young woman of much refinement, and Hilda, watching her eat her supper daintily, was taken by her manners. A rather old-fashioned type of girl, Hilda thought. If she had

holte ihn ab, und sie gingen gemeinsam zum Lunch. Sehr unelegant. Ich helfe dir», fügte sie hinzu und rührte sich ein wenig, als Hilda das Geschirr aufeinander stellte.

«Nein, du bleibst sitzen. Nutze die Zeit, in der ich hier bin.» Aber Hilda hatte angefangen zu glauben, dass sie nie weggehen würde. Sie würde sich so nützlich machen.

«Ich wünschte, ich hätte deine Figur», sagte Pat, als sie ihrer Mutter zusah, die sich elegant durch das Zimmer bewegte. Sie sagte es in einem unwirschen Ton, als ob Hilda aus Gemeinheit etwas für sich behalten hätte, das sie, Pat, gerne besitzen würde. Das passte nicht zu dem Muster, nach dem ihr Leben sonst verlief.

Hilda errötete mit einem schuldbewussten Vergnügen. Ihre Tochter hatte so etwas Sitzendes – nicht nur wegen ihrer Büroarbeit, denn auch als Kind hatte sie immer gesessen, Comics gelesen, an ihrem Taschentuch gekaut, ihr geflochtenes Haar gezwirbelt, sehr oft einfach nur träge geschmollt. Jetzt eben saß sie eingesunken auf ihrem Stuhl und aß eine Banane, deren Haut in Streifen über ihrer Hand hing.

«Morgen Abend bringe ich vielleicht Mavis Willis mit», sagte sie. «Sie denkt darüber nach, sich die Wohnung mit mir zu teilen. Sie soll sich umsehen und es sich überlegen.» Sie stand auf und trat ans Geschossfenster und schaute meditierend an den Gittern hoch.

«Es ist ruhig hier, nicht wahr?» sagte sie. Sie stand dort eine ganze Weile und starrte zum Fenster hinaus, und Hilda, die den Tisch abräumte, fragte sich, woran sie wohl dachte.

Mavis Willis war eine junge, sehr kultivierte Frau, und Hilda, die beobachtete, wie sie vornehm ihr Abendessen zu sich nahm, war von ihren Manieren eingenommen. Ein ganz altmodischer Mädchentyp, dachte Hilda. Hätte

been asked to, she could not have chosen anyone more suitable to share the flat with her daughter. This one would not lead her into bad company or have wild parties; but Hilda had not been asked, and it was a disappointment to her that the question had not arisen.

When Mavis had been shown round the flat before supper, something in her manner had surprised Hilda; there was a sense of effort she could not define. The girl had gushed without showing much interest, had given the bathroom the briefest glance and not opened the cupboard where she would be hanging her clothes – the first thing any normal young woman would do.

Now, at supper, she gushed in the same way about Hilda's cooking. Pat's compulsive grumbling about Mr Wharton was resumed, and Mavis joined in. She referred to him as "H.W." which sounded more officey, Hilda decided, listening humbly.

"One of these days, you'll find yourself out of a job," she told Pat, who had repeated one of her tarter rebukes to her employer – "I gave him one of my looks and I said to him, 'That'll be the day,' I said. 'When you get back before three o'clock. We'll hang the flags out *that* day,' I said to him."

Mavis took off her spectacles and began to polish them on a clean handkerchief she had kept tucked in her cuff. She looked down her shiny nose, smiling a little. Her face was pale and glistened unhealthily, and she reminded Hilda of the languid, indoors young women who had sat all day – long days then – in the milliner's workroom, stitching buckram and straw and flowers, hardly moving, sadly cooped up in the stuffy

man sie gefragt, sie hätte niemanden auswählen können, der besser geeignet gewesen wäre, die Wohnung mit ihrer Tochter zu teilen. Sie würde sie nicht in schlechte Gesellschaft bringen oder wilde Parties feiern. Aber Hilda war nicht gefragt worden, und es hatte sie enttäuscht, dass die Frage nicht aufgekommen war.

Als sie vor dem Abendessen mit Mavis durch die Wohnung gegangen waren, hatte Hilda etwas an ihrem Verhalten überrascht. Sie spürte eine Art Angestrengtheit, die sie nicht beschreiben konnte. Das Mädchen war ins Schwärmen geraten, ohne viel Interesse zu zeigen, hatte dem Badezimmer das kleinste Augenmerk gewidmet, und den Schrank, in den sie ihre Kleider hängen würde, nicht geöffnet – das erste, was jede normale junge Frau tun würde.

Nun, beim Abendessen, schwärmte sie auf die gleiche Weise von Hildas Kochkünsten. Pats zwanghaftes Murren über Mr Wharton kam wieder in Gang, und Mavis beteiligte sich daran. Sie nannte ihn ‹H.W.›, was sich mehr nach Büro anhörte, fand Hilda, die bescheiden zuhörte.

«Eines Tages wirst du den Job los sein», erklärte sie Pat, die eine ihrer bissigen Bemerkungen gegenüber ihrem Chef wiederholt hatte – «Ich habe ihm einen meiner Blicke zugeworfen und gesagt ‹Das wird der Tag der Tage sein›, habe ich gesagt. ‹Wenn Sie vor drei Uhr wieder ins Büro kommen. An *dem* Tag werden wir Fahnen hissen› habe ich zu ihm gesagt.»

Mavis nahm ihre Brille ab und begann sie mit einem sauberen Taschentuch, das sie unter ihrer Manschette stecken hatte, zu putzen. Sie schaute an ihrer blanken Nase entlang nach unten und lächelte ein wenig. Ihr Gesicht war blass und glänzte ungesund. Sie erinnerte Hilda an die trägen jungen Frauen, die den ganzen Tag – lange Tage waren das damals – drinnen im Atelier des Hutgeschäfts saßen, Steifleinen, Stroh und Blumen verstickten, sich kaum bewegten, traurig in der stickigen Werkstatt einge-

room. She, in the shop itself, had seemed as free as air.

Mavis put back her spectacles and rearranged her hair, and at once she appeared less secretive. She insisted on helping Hilda to wash the dishes, while Pat spent the time looking for cigarettes and then for her lighter.

"I hope Pat won't leave all the work to you, if you come," Hilda said.

"Oh, she won't." Mavis wiped a glass and held it up to the light. "Once we're on our own, she'll be enthusiastic. You know, she'll feel it's more hers and want to take a pride in it. Of course, it's been wonderful for her, having you to settle her in and get it looking so nice. Simply wonderful. You must have done marvels." She looked vaguely round the kitchen.

"Well, it was in rather a pickle," Hilda said warmly. "All I hope is you won't just live on tinned food."

"You can rest assured we won't."

"I'm afraid Pat hasn't been brought up to be very domesticated. I did try, but I ended up doing things myself, because it was quicker."

"Well, it always happens. I know I'd be the same."

Pat, through the doorway, in the living-room, was looking for an ashtray. She moved clumsily about, knocked into something and swore. Hilda and Mavis glanced at one another and smiled, as if over a child's head.

"What did you think of her?" Pat asked, as soon as she got back from walking with Mavis to the Tube station.

sperrt waren. Sie, im Verkaufsraum, schien so frei wie Luft zu sein.

Mavis hatte die Brille wieder aufgesetzt und ihr Haar in Ordnung gebracht, und sofort wirkte sie weniger geheimnisvoll. Sie bestand darauf, Hilda beim Geschirrspülen zu helfen, während Pat die Zeit damit verbrachte, nach Zigaretten und dann nach ihrem Feuerzeug zu suchen.

«Ich hoffe, Pat wird Ihnen nicht die ganze Arbeit überlassen, wenn Sie einziehen», sagte Hilda.

«Oh, das wird sie nicht». Mavis polierte ein Glas und hielt es hoch ins Licht. «Wenn wir einmal unter uns sind, wird sie begeistert sein. Sie wissen schon, sie wird spüren, dass es ihr gehört und wird stolz darauf sein wollen. Natürlich war es für sie wunderbar, dass sie Sie hier gehabt hat, um sich einzuleben und es so nett einzurichten. Einfach toll. Sie müssen Wunder vollbracht haben.» Sie schaute sich unbestimmt in der Küche um.

«Nun, es war in einem ziemlich schlechten Zustand», sagte Hilda warm. «Ich hoffe nur, dass ihr nicht nur von Dosen leben werdet.»

«Ich versichere Ihnen, dass wir das nicht tun.»

«Ich fürchte, dass Pat nicht so recht zu Häuslichkeit erzogen worden ist. Ich habe es versucht, aber am Ende habe ich alles selber gemacht, weil es schneller ging.»

«Nun, das kommt doch immer wieder mal vor. Ich weiß, mir wäre es genau so ergangen.»

Pat, die durch die Tür zu sehen war, suchte im Wohnzimmer nach einem Aschenbecher. Sie bewegte sich ungeschickt, stieß irgendwo an und fluchte. Hilda und Mavis warfen sich einen Blick zu und lächelten, wie über den Kopf eines Kindes hinweg.

«Was hattest du für einen Eindruck von ihr?» fragte Pat, als sie Mavis zur U-Bahn begleitet hatte und zurück gekommen war.

"A nice girl. I thought slightly enigmatic," said Hilda, who took a pride in finding the right word.

"Well, she's decided to move in next Monday. I said I thought you'd be going back at the weekend."

"I might stay and clear up on Monday morning. Leave you a little supper, her first night," Hilda said, and pretended she did not hear a resigned intake of breath from Pat.

That girl Mavis, Hilda was thinking – perhaps she's no intention of coming; perhaps she's wasting Pat's time. Yet she sensed something arranged between them, something she could not understand. She used the word "duplicity" in her mind.

They began to get ready for bed, and when Pat, stout in her dressing-gown, came from the bathroom into the bedroom, she found the room in darkness and her mother peeping through the curtains of the french windows. "What are you doing, mother?" she asked, switching on the light.

As guilty as a little girl caught out of bed, Hilda made for hers.

"I really love London," she said. "All that panorama, at night, and yet it's so quiet. I sat out there this afternoon for a bit, and it was so peaceful, like being in the country. It's been like a lovely holiday here."

"It's been good of you to come," Pat said, in a cautious voice.

When she had switched the light off, her mother turned on her side, put her hands under her cheek, and with faint purring, puffing sounds,

«Ein nettes Mädchen. Vielleicht ein bisschen rätselhaft», sagte Hilda, die Wert darauf legte, das richtige Wort zu finden.

«Nun, sie hat sich entschieden, nächsten Montag einzuziehen. Ich sagte, ich dächte, du würdest am Wochenende abreisen.»

«Ich könnte bleiben und am Montag morgen aufräumen. Ein kleines Abendessen da lassen, an ihrem ersten Abend», sagte Hilda und tat so, als ob sie Pats resigniertes Luftholen nicht hörte.

Dieses Mädchen Mavis, dachte Hilda – vielleicht hat sie überhaupt nicht die Absicht, einzuziehen. Vielleicht verschwendet sie nur Pats Zeit. Trotzdem spürte sie, dass etwas zwischen den beiden abgemacht war, etwas, das sie nicht verstand. In Gedanken verwendete sie das Wort ‹Doppeltes Spiel›.

Sie begannen, sich zum Schlafengehen zu richten, und als Pat, füllig in ihrem Morgenmantel, vom Badezimmer in das Schlafzimmer kam, fand sie den Raum in Dunkelheit vor, während ihre Mutter durch die Vorhänge der Verandatür spähte. «Was tust du, Mutter?», fragte sie und knipste das Licht an.

Schuldbewusst wie ein kleines Mädchen, das außerhalb des Bettes erwischt wurde, begab Hilda sich in ihres.

«Ich mag London wirklich», sagte sie. «Das ganze Panorama bei Nacht, und trotzdem ist es so still. Ich saß heute nachmittag für eine Weile draußen, und es war so friedlich, als ob man auf dem Land wäre. Es war wie ein schöner Urlaub hier.»

«Es war nett von dir, dass du gekommen bist», sagte Pat mit vorsichtiger Stimme.

Als sie das Licht ausgeschaltet hatte, drehte ihre Mutter sich auf die Seite, faltete ihre Hände unter der Wange und fiel mit einem leise schnurrenden und schnaubenden Geräusch in einen leichten Schlaf. Pat lag auf dem

fell lightly asleep. Pat lay on her back like a figure on a tomb, and presently began to snore.

*

On Hilda's last day, it set in wet, and she could not go into the garden again. She went out shopping in the rain, said good-bye to the shop-assistants she had made friends of, and thought how extraordinary it was that the little High Street had become so familiar in such a short time. The view was obscured by mist. But the holiday feeling persisted and at twelve o'clock she entered the saloon bar of the little pub by the water trough and bought herself a glass of sherry. She had never been alone into a bar before, and was gratified that no one seemed surprised to see her do so. The barmaid was warmly chatty, the landlord courteous; an old man by the fire did not even raise his head. A stale beery smell pervaded the room, as if everything – the heavy curtains, the varnished furniture, even perhaps the old man by the fire – was gently fermenting.

"So cosy," said Hilda.

"A day like this," the barmaid agreed, scalloping a damp cloth along the bar.

"A fire's nice."

"It makes a difference. You live hereabouts?"

Hilda told her about Pat and the flat, and Mavis Willis.

"Nice to have a mother," the barmaid said.

"I think she appreciates it. But I've enjoyed myself. It's made a lovely break. I'd like a bottle of sherry to take away, if you please. I'll leave

Rücken wie eine Grabstein-Skulptur und begann sofort zu schnarchen.

*

Hildas letzter Tag begann regnerisch, und sie konnte nicht mehr in den Garten gehen. Sie ging im Regen zum Einkaufen, sagte den Verkäufern, mit denen sie sich angefreundet hatte, Auf Wiedersehen, und dachte darüber nach, wie außergewöhnlich es war, dass ihr die kleine Einkaufsstraße in so kurzer Zeit so vertraut geworden war. Die Sicht war vom Nebel verschleiert. Aber das Urlaubsgefühl hielt an, und um zwölf Uhr betrat sie die Saloon Bar des kleinen Pub am Wassertrog und kaufte sich ein Glas Sherry. Sie war noch nie allein in einer Bar gewesen und war sehr dankbar, dass keiner überrascht schien, sie dabei zu beobachten. Die Kellnerin an der Bar war auf eine herzliche Weise redselig, der Wirt höflich; ein alter Mann am Kaminfeuer hob noch nicht einmal den Kopf. Ein schaler Biergeruch durchdrang den Raum, als ob alles – die schweren Vorhänge, die lackierten Möbel, vielleicht sogar der alte Mann am Feuer – langsam vor sich hin gärten.

«Es ist so gemütlich hier», sagte Hilda.

«An einem Tag wie diesem», stimmte die Kellnerin zu und wischte kreisförmig mit einem feuchten Tuch über die Theke.

«Ein Feuer hat etwas Angenehmes.»

«Es macht einen Unterschied. Wohnen Sie in der Gegend?»

Hilda erzählte ihr von Pat und der Wohnung, und von Mavis Willis.

«Wie schön es ist, eine Mutter zu haben», sagte die Kellnerin.

«Ich denke, sie weiß es zu schätzen. Auf jeden Fall hat es mir hier gefallen. Es war eine schöne Unterbrechung. Ich hätte gerne eine Flasche Sherry zum Mitnehmen, wenn

it as a surprise for the girls – warm them up when they come in wet from work."

"Well," said the barmaid, wrapping the bottle in a swirl of pink paper, "let's hope we see you when you're in these parts again."

"Good-morning, madam. Thank you," the landlord added and Hilda, with her heavy shopping basket, stepped out into the rain. How very pleasant, she was thinking, rather muzzily, as she walked down the hill. The only pity was not having made friends with the people on the first floor. Glimpses of the toddler she had had from time to time, heard his little footsteps running overhead; but had not had a word with his mother. That had been a disappointment.

She made herself a cup of tea when she had hung up her wet coat. The flat was so dark that afternoon that she had to switch on the lights. The rain seemed to keep her company, as a coal fire does the very lonely – the sound of it falling softly into the ferns in the garden, or with a sharp, ringing noise on the dustbin lids outside the door. She could hear the splashing of cars going by on the road above the window, changing gear to take the hill.

Although she felt sad, packing her case, she cheered up when she was putting the finishing touches to the supper table, leaving the sherry on a tray with a note and two glasses. She watered the double daisy and added a reminder about it to her note. At three o'clock, she put on her still damp coat and was ready to go to the station. She locked the door and hid the key under the dustbin as they had arranged and, feeling melancholy, in tune with the afternoon, walked with head bowed,

Sie erlauben. Ich werde sie als Überraschung für die Mädchen zurück lassen – es wird sie aufwärmen, wenn sie nass von der Arbeit nach Hause kommen.»

«Nun», sagte die Kellnerin und umwickelte die Flasche mit rosafarbenem Papier, «wir werden Sie hoffentlich wieder sehen, wenn Sie wieder einmal in der Gegend sind.»

«Einen Guten Tag, meine Dame», fügte der Wirt hinzu, und Hilda trat mit ihrem schweren Einkaufskorb hinaus in den Regen. Wie ausgesprochen angenehm, dachte sie ziemlich benommen, als sie den Hügel hinunter ging. Es war nur schade, dass sie sich nicht mit den Leuten vom ersten Stock angefreundet hatte. Sie hatte ab und zu das kleine Kind gesehen und seine schnellen rennenden Fußtritte über sich gehört. Aber sie hatte kein Wort mit der Mutter gewechselt. Das war schade.

Sie machte sich eine Tasse Tee, nachdem sie ihren nassen Mantel aufgehängt hatte. Die Wohnung war so dunkel an diesem Nachmittag, dass sie Licht machen musste. Der Regen schien ihr Gesellschaft zu leisten, wie ein Kohlenfeuer den sehr Einsamen – sein Klang, wie er weich in die Farne im Garten fiel, oder mit einem scharfen, blechernen Ton auf die Mülltonnendeckel draußen vor der Tür. Sie konnte das Platschen der Autos auf der Straße über dem Fenster hören, die den Gang wechselten, um den Hügel hinaufzufahren.

Als sie ihren Koffer packte, war sie traurig gewesen; aber nun besserte sich ihre Stimmung, als sie dem Abendbrottisch den letzten Schliff gab und den Sherry mit einem Briefchen und zwei Gläsern auf einem Tablett bereitstellte. Sie goss die Tausendschönchen und fügte eine Erinnerung daran auf dem Brief hinzu. Um drei Uhr zog sie ihren immer noch feuchten Mantel an und war fertig, zum Bahnhof zu gehen. Sie schloss die Tür ab und versteckte den Schlüssel unter der Mülltonne, wie sie es vereinbart hatten, und da sie sich im Einklang mit dem Nachmittag melancholisch

carrying her heavy suitcase up the hill to the Underground station.

At four o'clock the rain suddenly stopped. Already on her way back to Nottingham in the train, Hilda watched the watery sunshine on the fields and the slate roofs drying. She reminded herself that she was always sad on train journeys. It's a sensation of fantasy, she decided, having searched for and found the word.

The sunshine was short-lived. The dark purple clouds soon gathered over again and in London, crowds surging towards stations, queueing for buses, were soaked. The pavements steamed in the hissing rain, and taxis were unobtainable, although commissionaires under huge umbrellas stood at kerbs, whistling shrilly and vainly whenever one appeared in the distance.

In a positive deluge, Pat and Mr Wharton drove up to Number Twenty. He, too, had an umbrella, and held it carefully over her as they went down the garden path and round the side of the house.

"Excusez-moi," she said, stooping to get the key from under the dustbin.

"Could be a nice view on a nice day," he said.

"Could be," she agreed, putting the key in the door.

fühlte, ging sie mit gesenktem Kopf, ihren schweren Koffer schleppend, den Hügel hinauf zur U-Bahn-Station.

Um vier Uhr hörte der Regen plötzlich auf. Bereits im Zug, auf ihrem Weg zurück nach Nottingham, betrachtete Hilda den wässrigen Sonnenschein auf den Feldern und die trocknenden Schieferdächer. Sie erinnerte sich daran, dass sie auf Zugreisen immer traurig war. Es ist ein Gefühl, das mit der Einbildungskraft zu tun hat, entschied sie, nachdem sie nach dem Wort gesucht und es gefunden hatte.

Der Sonnenschein dauerte nur kurz. Die dunklen, lilafarbenen Wolken versammelten sich bald wieder, und in London wurden die Menschenmassen, die sich in Richtung der Bahnhöfe drängten und für Busse Schlange standen, klatschnass. Die Bürgersteige dampften in dem zischenden Regen, und Taxis waren nicht verfügbar, obwohl Portiers unter riesigen Schirmen an den Randsteinen standen und jedesmal schrill und vergeblich pfiffen, wenn sich eines in der Ferne näherte.

In einer wahren Sintflut fuhren Pat und Mr Wharton zur Nummer Zwanzig heran. Auch er hatte einen Schirm und hielt ihn vorsichtig über sie, als sie den Gartenweg hinunter und um das Haus herum liefen.

«Excusez-moi», sagte sie, als sie sich bückte, um den Schlüssel unter der Mülltonne hervorzuholen.

«Könnte ein schöner Ausblick sein an einem schönen Tag», sagte er.

«Schon möglich», stimmte sie ihm zu, als sie den Schlüssel ins Schloss steckte.

"Is that your own hair, dear?"

Sibyl only laughed. She made a roguish face.

"I didn't think it could be," said Trixie. "It looks so thick."

"A woman came up to me in the street the other day," said Sibyl, "and asked me where I had my hair set. I just looked at her. I gave a tiny little tip to my wig like this. You should have seen her face."

She gave another roar of laughter. Trixie smiled austerely. She had come to stay with Sibyl for a week and this was her first evening. Sibyl had bought a cottage in Devonshire. It was two years since Trixie had seen Sibyl and she could detect signs of deterioration. What a pity that was! Sibyl enquired after the welfare of the friends they had in common. How was Mivvy? Did Trixie see anything of the Fishers? How was Poppy?

"Poppy is beginning to go a bit funny," said Trixie.

"How do you mean, 'funny'?"

"You know. Funny. Not quite *compos mentis* any more."

Sibyl of all people ought to know what going funny meant, thought Trixie.

"We're none of us getting any younger," said Sibyl, laughing.

Trixie didn't sleep very well. She got up at five and had her bath so as to leave the bathroom clear for Sibyl. At seven she took Sibyl a cup of tea. She gave a little scream and nearly dropped the tray.

"Oh my conscience! I'm sorry, dear, but I thought that was a squirrel on your chest of draw-

« Ist das dein eigenes Haar, meine Liebe? »

Sibyl lachte nur. Sie machte ein spitzbübisches Gesicht.

« Ich konnte es mir auch nicht vorstellen », sagte Trixie. « Es wirkt so kräftig. »

« Eine Frau sprach mich neulich auf der Straße an », sagte Sibyl, « und fragte mich, wo ich mir meine Haare frisieren lasse. Ich schaute sie einfach nur an und gab meiner Perücke einen winzig kleinen Schubs, ungefähr so. Du hättest ihr Gesicht sehen sollen. »

Sie brach erneut in Gelächter aus. Trixie lächelte streng. Sie war gekommen, um eine Woche bei Sibyl zu verbringen, und dies war ihr erster Abend. Sibyl hatte ein Häuschen in Devonshire gekauft. Trixie hatte Sibyl vor zwei Jahren zum letzten Mal gesehen, und sie konnte Anzeichen einer Verschlechterung erkennen. Wie traurig das war! Sibyl erkundigte sich nach dem Ergehen der gemeinsamen Freunde. Wie ging es Mivvy? Traf Trixie gelegentlich die Fishers? Wie ging es Poppy?

« Poppy beginnt ein wenig wunderlich zu werden », sagte Trixie.

« Was meinst du mit ‹ wunderlich ›? »

« Du weißt schon. Wunderlich. Nicht mehr ganz beieinander. »

Gerade Sibyl sollte am besten wissen, was ‹ wunderlich werden › bedeutete, dachte Trixie.

« Keine von uns wird jünger », sagte Sibyl und lachte.

Trixie schlief nicht sehr gut. Sie stand um fünf Uhr auf und nahm ein Bad, damit das Badezimmer für Sibyl frei war. Um sieben Uhr brachte sie Sibyl eine Tasse Tee. Sie stieß einen kleinen Schrei aus und ließ beinahe das Tablett fallen.

« Ach du meine Güte! Es tut mir so leid, Liebes, aber ich dachte, da säße eine Eichhörnchen auf deiner Kommo-

ers. I thought it must have come in through the window."

"What on earth was that noise in the middle of the night?" When Sibyl wasn't laughing she could be downright peevish. She looked a hundred without her wig. "It woke me up, I thought the tank was overflowing."

"The middle of the night! I like that. The sun had been up a good hour, I'm sure. I was just having my bath so as not to be a nuisance."

They went out in Sibyl's car. They had lunch in Dawlish and tea in Exmouth. The following day they went out early and drove across Dartmoor. When they got back there was a letter on the mat for Trixie from Mivvy, though Trixie had only been away two days. On Friday Sibyl said they would stay at home and have a potter about the village. The church was famous, the Manor House gardens were open to the public and there was an interesting small gallery where an exhibition was on. She started to get the car out but Trixie said why couldn't they walk. It could hardly be more than a mile. Sibyl said it was just under two miles but she agreed to walk if Trixie really wanted to. Her knee hadn't been troubling her quite so much lately.

"The gallery is called Artifacts," said Sibyl. "It's run by a very nice young couple."

"A husband and wife team?" asked Trixie, very modern.

"Jimmy and Judy they're called. I don't think they are actually married."

"Oh my conscience, Sibyl, how can one be 'actually' married? Surely one is either married or not?" Trixie herself had been married once, long

de. Ich dachte, es muss wohl zum Fenster hereingekommen sein.»

«Was um Himmels Willen hat mitten in der Nacht solchen Lärm gemacht?» Wenn Sibyl nicht lachte, konnte sie ausgesprochen mürrisch sein. Ohne ihre Perücke sah sie aus wie hundert Jahre alt. «Ich bin wach geworden. Ich dachte, der Wassertank sei am Überlaufen.»

«Mitten in der Nacht! Das ist ja köstlich. Die Sonne schien schon seit einer guten Stunde. Ich habe nur ein Bad genommen, um nicht im Weg zu sein.»

Sie machten einen Ausflug in Sibyls Wagen. Sie aßen ihren Lunch in Dawlish und tranken in Exmouth Tee. Am folgenden Tag brachen sie früh auf und fuhren durchs Dartmoor. Als sie zurück kamen, lag für Trixie ein Brief von Mivvy auf der Fußmatte, obwohl Trixie erst seit zwei Tagen verreist war. Am Freitag sagte Sibyl, sie würden heute zuhause bleiben und ein wenig durchs Dorf bummeln. Die Kirche war berühmt, die Gärten des Herrensitzes waren für die Öffentlichkeit zugänglich, und es gab eine interessante kleine Galerie, in der eine Ausstellung gezeigt wurde. Sie wollte schon das Auto holen, aber Trixie fragte, warum sie nicht zu Fuß gingen. Es sei doch kaum mehr als eine Meile. Sibyl sagte, es handele sich um beinahe zwei Meilen, aber sie sei einverstanden zu laufen, wenn Trixie das unbedingt wolle. Ihr Knie habe sie in der letzten Zeit nicht ganz so sehr gequält.

«Die Galerie heißt *Artifacts*», sagte Sibyl. «Sie wird von einem sehr netten jungen Paar geführt.»

«Ein verheiratetes Team?» fragte Trixie sehr modern.

«Sie heißen Jimmy und Judy. Ich glaube nicht, dass sie wirklich verheiratet sind.»

«Ach du meine Güte, Sibyl, wie kann man ‹wirklich› verheiratet sein? Entweder man ist verheiratet oder man ist es nicht.» Trixie war selber vor langer Zeit einmal

ago, for a short time. Sibyl had never been married and neither had Mivvy or Poppy. Trixie thought that might have something to do with their going funny. "Thankfully, I'm broad-minded. I shan't say anything. I think I can see a seat ahead in that bus shelter. Would you like a little sit-down before we go on?"

Sibyl got her breath back and they walked on more slowly. The road passed between high hedges on high banks dense with wild flowers. It crossed a stream by a hump-backed bridge where the clear brown shallow water rippled over a bed of stones. The church appeared with granite nave and tower, standing on an eminence and approached, Sibyl said, by fifty-three steps. Perhaps they should go to Artifacts first?

The gallery was housed in an ancient building with bow windows and a front door set under a Georgian portico. When the door was pushed open a bell tinkled to summon Jimmy or Judy. This morning, however, they needed no summoning for both were in the first room, Judy dusting the dolls' house and Jimmy doing something to the ceiling spotlights. Sibyl introduced Trixie to them and Trixie was very gracious towards Judy, making no difference in her manner than she would have if the young woman had been properly married and worn a wedding ring.

Trixie was agreeably surprised by the objects in the exhibition and by the items Jimmy and Judy had for sale. She had not expected such a high standard. What she admired most particularly were the small pictures of domestic interiors done in embroidery, the patchwork quilts and the blown glass vases in colours of mother-of-pearl and but-

verheiratet gewesen, nur kurz. Sibyl hatte nie geheiratet, auch Mivvy oder Poppy nicht. Trixie dachte, dies könnte etwas damit zu tun haben, dass sie wunderlich wurde. «Zum Glück bin ich aufgeschlossen. Ich werde nichts sagen. Ich glaube, ich kann da vorn im Bushäuschen eine Bank sehen. Möchtest du dich ein Weilchen hinsetzen, bevor wir weitergehen?»

Sibyl bekam wieder Luft, und sie gingen langsamer weiter. Die Straße führte vorbei an hohen Hecken auf hohen, dicht mit wilden Blumen bewachsenen Böschungen. Über eine buckelige Brücke überquerte sie einen Bach, dessen klares braunes seichtes Wasser über ein Kieselsteinbett plätscherte. Die Kirche mit Haupthaus und Turm aus Granit tauchte auf einer Anhöhe auf. Sibyl sagte, man müsse dreiundfünfzig Stufen hinauf laufen. Vielleicht sollten sie zuerst zu *Artifacts* gehen?

Die Galerie befand sich in einem uralten Gebäude mit Bogenfenstern und einer Haustür unterhalb einer georgianischen Vorhalle. Beim Öffnen der Tür bimmelte eine Glocke, um Jimmy oder Judy herbeizurufen. An diesem Morgen war allerdings kein Aufruf nötig, denn beide befanden sich im Eingangsraum. Judy staubte ein Puppenhaus ab, und Jimmy machte sich an der Deckenbeleuchtung zu schaffen. Sibyl stellte ihnen Trixie vor, und Trixie verhielt sich sehr liebenswürdig gegenüber Judy. Sie gab sich genau so, wie sie sich verhalten hätte, wenn die junge Frau richtig verheiratet gewesen wäre und einen Ehering getragen hätte.

Trixie war von den Ausstellungsstücken und den Gegenständen, die Jimmy und Judy zum Verkauf anboten, angenehm überrascht. Sie hatte keinen so hohen Standard erwartet. Was ihr besonders gut gefiel, waren die kleinen Bilder mit gestickten häuslichen Szenen, die Patchwork-Decken und die mundgeblasenen Glas-Vasen, die bunt wie Perlmutt und Schmetterlingsflügel schimmerten. Was sie

terfly wings. What she liked best of all and wanted to have was a clock.

There were four of these clocks, all different. The cases were ceramic, plain and smooth or made in trellis work, glazed in blues and greens, painted with flowers or the moon and stars, each incorporating a gilt-rimmed face and quartz movement. Trixie's favourite was blue with a green trellis over the blue, a convolvulus plant with green leaves and pale pink trumpet flowers climbing the trellis and a gilt rim round the face of the clock which had hands of gilt and blue. The convolvulus reminded her of the pattern on her best china tea service. All the clocks had price cards beside them and red discs stuck to the cards.

"I should like to buy this clock," Trixie said to Judy.

"I'm terribly sorry but it's sold."

"Sold?"

"All the clocks were sold at the private view. Roland Elm's work is tremendously popular. He can't make enough of these clocks and he refuses to take orders."

"I still don't understand why I can't buy this one," said Trixie. "This is a shop, isn't it?"

Sibyl had put on her peevish look. "You can see the red sticker, can't you? You know what that means."

"I know what it means at the Royal Academy but hardly here surely."

"I really do wish I could sell it to you," said Judy, "but I can't."

Trixie lifted her shoulders. She was very disappointed and wished she hadn't come. She had been going to buy Sibyl a pear carved from polished

am meisten mochte, und was sie haben wollte, war eine Uhr.

Es gab vier von diesen Uhren, und alle sahen unterschiedlich aus. Die Gehäuse waren aus Keramik, schlicht und glatt oder mit einem Gitterwerk, in Blau- oder Grüntönen lasiert und mit Blumen oder mit Mond und Sternen bemalt. Jede verfügte über ein goldgefasstes Zifferblatt und ein Quarz-Uhrwerk. Trixies Lieblingsuhr war blau mit einem grünen Gitter über dem Blau. Eine Trichterwinde mit grünen Blättern und blassrosafarbenen Trompetenblüten wuchs am Gitter hinauf, und das Zifferblatt, das blaugoldene Zeiger hatte, war ringsum mit Gold eingefasst. Die Trichterwinde erinnerte sie an das Dekor ihres besten Porzellan-Teegeschirrs. Neben allen Uhren standen Preisschildchen, auf die rote Punkte geklebt waren.

«Ich möchte gern diese Uhr kaufen», sagte Trixie zu Judy.

«Es tut mir sehr leid, aber sie ist verkauft.»

«Verkauft?»

«Alle Uhren sind bei der Vernissage verkauft worden. Roland Ulmes Arbeiten sind äußerst begehrt. Er kann diese Uhren nicht in ausreichender Zahl herstellen und lehnt es ab, Bestellungen aufzunehmen.»

«Ich verstehe nicht, weshalb ich diese hier nicht kaufen kann», sagte Trixie. «Wir sind in einem Geschäft, oder?»

Sibyl hatte ihre gereizte Miene aufgesetzt. «Du kannst doch den roten Aufkleber sehen, oder? Du weißt, was das bedeutet.»

«Ich weiß, was das in der Royal Academy bedeutet, aber das bedeutet es doch wohl kaum hier.»

«Ich wünschte wirklich, ich könnte sie Ihnen verkaufen», sagte Judy, «aber es geht nicht.»

Trixie zuckte mit den Schultern. Sie war sehr enttäuscht und wünschte sich, sie wäre nicht hierher gekommen. Sie hatte vorgehabt, Sibyl eine aus Birnenholz geschnitzte

pear wood but now she thought better of it. The church was also a let-down, dark, poky and smelling of mould.

"Things have come to a pretty pass when shopkeepers won't sell their goods to you because they're upset by your manner."

"Judy wasn't upset by your manner," said Sibyl, puffing. "It's more than her reputation is worth to sell you something she's already sold."

"Reputation! I like that."

"I mean reputation as a gallery owner. Artifacts is quite highly regarded round here."

"You would have thought she and her – well, partner, would be glad of £ 62. I don't suppose they have two half-pennies to bless themselves with."

What Sibyl would have thought was never known for she was too out of breath to utter and when they got home had to lie down. Next morning another letter came from Mivvy:

"Nothing to say for herself of course," said Trixie at breakfast:

"Practically a carbon copy of Thursday's. She's going very funny. Do you know she told me sometimes she writes fifty letters in a week? God bless your pocket, I said. It's fortunate you can afford it."

They went to Princetown in Sibyl's car and Widecombe-in-the-Moor. Trixie sent postcards to Mivvy, Poppy, the Fishers and the woman who came in to clean and water the plants in the greenhouse. She would have to buy some sort of present for Sibyl before she left. A plant would have done, only Sibyl didn't like gardening. They went to a bird sanctuary and looked at some standing stones of great antiquity. Trixie was going home on Tues-

blankpolierte Birne zu kaufen, aber jetzt überlegte sie es sich anders. Die Kirche war ebenfalls eine Enttäuschung: dunkel, winzig und von Schimmelgeruch erfüllt.

«So weit ist es schon gekommen, dass Geschäftsinhaber einem ihre Ware nicht verkaufen, weil es ihnen nicht gefällt, wie man sich beträgt.»

«Judy hat sich nicht über dein Betragen geärgert», sagte Sibyl schnaufend. «Es würde ihrem Ruf schaden, dir etwas zu verkaufen, das schon verkauft ist.»

«Der Ruf! Das gefällt mir.»

«Ich meine ihren Ruf als Galeristin. *Artifacts* genießt ein hohes Ansehen in der Gegend.»

«Man hätte annehmen können, dass sie und ihr – nun, Lebensgefährte sich über 62 Pfund gefreut hätten. Ich nehme nicht an, dass die beiden mit mehr als zwei halben Pennies gesegnet sind.»

Was Sibyl gedacht haben könnte, wurde nie bekannt, da sie zu sehr außer Atem war, um es zu äußern, und sie sich ausruhen musste, als sie nach Hause kamen. Am nächsten Morgen kam ein weiterer Brief von Mivvy an.

«Sie hat natürlich nichts zu sagen», sagte Trixie beim Frühstück. «Praktisch ein Durchschlag vom Brief am Donnerstag. Sie wird sehr wunderlich. Weißt du, dass sie mir erzählt hat, dass sie manchmal fünfzig Briefe in der Woche schreibt? Gott segne deinen Geldbeutel, habe ich gesagt. Es ist ein Glück, dass du dir das leisten kannst.»

Sie fuhren in Sibyls Auto nach Princetown und nach Widecombe-in-the-Moor. Trixie schickte Postkarten an Mivvy, Poppy, die Fishers und an die Frau, die bei ihr zu Hause putzte und ihre Pflanzen im Gewächshaus goss. Sie musste irgendein Geschenk für Sibyl kaufen, bevor sie wieder abfuhr. Eine Pflanze würde es tun, aber Sibyl mochte keine Gartenarbeit. Sie fuhren zu einem Vogelschutzgebiet und betrachteten ein Felsmonument aus grauer Vorzeit. Trixie fuhr an einem Dienstag nach Hause. Am Diens-

day afternoon. On Tuesday morning another letter arrived from Mivvy all about the Fishers going to see the Queen Mother open a new arts centre in Leighton Buzzard. The Fishers were crazy about the Queen Mother, watched for her engagements in advance and went wherever she went within a radius of 150 miles in order just to catch a glimpse of her. Once they had been at the front of the crowd and the Queen Mother had shaken hands with Dorothy Fisher.

"We're none of us getting any younger," said Sibyl, giggling.

"Well, my conscience, I know one thing," said Trixie. "The days have simply flown past while I've been here."

"I'm glad you've enjoyed yourself."

"Oh, I have, dear, only it would please me to see you a little less frail."

Trixie walked to the village on her own. Since she couldn't think of anything else she was going to have to buy the pear-wood pear for Sibyl. It was a warm sunny morning, one of the best days she'd had, and the front door of Artifacts stood open to the street. The exhibition was still on and the clocks (and their red 'sold' discs) still there. A shaft of sunlight streamed across the patchwork quilts on to the Georgian dolls' house. There was no sign of Jimmy or Judy. The gallery was empty but for herself.

Trixie closed the door and opened it to make the bell ring. She picked up one of the pear-wood pears and held it out in front of her on the palm of her hand. She held it at arm's length the way she did when she had helped herself to an item in the supermarket just so that there couldn't be the slight-

tag morgen kam ein weiterer Brief von Mivvy an, der von den Fishers handelte, die die Königinmutter bei der Eröffnung eines neuen Kulturzentrums in Leighton Buzzard sehen würden. Die Fishers waren leidenschaftliche Anhänger der Königinmutter, studierten deren Termine im voraus und fuhren innerhalb eines Radius von 150 Meilen überall hin, wo sie sich befinden würde, nur um einen kurzen Blick auf sie werfen zu können. Einmal hatten sie vorne in der Menge gestanden, und die Königinmutter hatte Dorothy Fisher die Hand geschüttelt.

«Wir werden alle nicht jünger», sagte Sibyl und kicherte.

«Meine Güte, also eines steht fest», sagte Trixie. «Die Tage sind einfach verflogen, während ich hier war.»

«Ich bin froh, dass es dir gefallen hat.»

«Oh ja, das hat es, meine Liebe. Es hätte mir aber noch besser gefallen, dich weniger zerbrechlich zu sehen.»

Trixie lief allein ins Dorf. Da ihr nichts anderes einfiel, würde sie die Birne aus Birnenholz für Sibyl kaufen müssen. Es war ein warmer, sonniger Morgen, einer der schönsten Tage, die sie erlebt hatte, und die Eingangstür zu *Artifacts* stand zur Straße hin offen. Die Ausstellung war noch immer zu sehen und die Uhren (und ihre roten «Verkauft»-Punkte) standen immer noch da. Ein Sonnenstrahl fiel über die Patchworkdecken auf das georgianische Puppenhaus. Jimmy und Judy waren nicht zu sehen. Die Galerie war, abgesehen von ihr, leer.

Trixie schloss und öffnete die Tür, um die Glocke klingeln zu lassen. Sie nahm eine der Birnenholzbirnen und hielt sie auf ihrem Handteller vor sich. Sie hielt sie mit ausgestrecktem Arm, so wie sie es im Supermarkt mit einem ausgewählten Artikel tat, damit niemand sie auch nur im Geringsten des Ladendiebstahls verdächti-

est question of anyone suspecting her of shoplifting. No one came. Trixie climbed the stairs, holding the pear-wood pear out in front of her and clearing her throat to attract attention. There was no one upstairs. A blue Persian cat lay sleeping on a shelf between a ginger jar and a mug with an owl on it. Trixie descended. She closed the front door and opened it to make the bell ring. Jimmy and Judy must be a heedless pair, she thought. Anyone could walk in here and steal the lot.

Of course she could just take the pear-wood pear and leave a £ 5 note to pay for it. It cost £ 4.75. Why should she make Jimmy and Judy a present of 25p just because they were too idle to serve her? Then she remembered that when she had been here with Sibyl a door at the end of the passage had been open and through that door one could see the garden where there was a display of terracotta pots. It was probable that Jimmy and Judy were out there, showing the pots to a customer.

Trixie went through the second room and down the passage. The door to the garden was just ajar and she pushed it open. On the lawn, in a cane chair, Judy lay fast asleep. A ledger had fallen off her lap and lay on the grass alongside a heap of books. Guides to the management of tax they were and some which looked like the gallery account books. It reminded Trixie of Poppy who was always falling asleep in the daytime, most embarrassingly sometimes, at the table or even while waiting for a bus. Judy had fallen asleep over her bookkeeping. Trixie coughed. She said "Excuse me" very loudly and repeated it but Judy didn't stir.

What a way to run a business! It would serve them right if someone walked in and cleared their

gen konnte. Niemand kam. Trixie lief die Treppe hinauf, trug die Birnenholzbirne vor sich her und räusperte sich, um Aufmerksamkeit zu erregen. Es war niemand oben. Eine blaue Perserkatze lag schlafend auf einem Regal zwischen einem Ingwerglas und einem Becher mit einer Eule. Trixie lief hinunter. Sie schloss die Tür und öffnete sie, um die Glocke klingeln zu lassen. Jimmy und Judy müssen ein leichtsinniges Paar sein, dachte sie. Jeder konnte hier eintreten und alles stehlen.

Natürlich könnte sie die Birnenholzbirne einfach mitnehmen und einen Fünf-Pfund-Schein zurücklassen, um sie zu bezahlen. Sie kostete 4,75 Pfund. Warum sollte sie Jimmy und Judy 25 p schenken, nur weil diese zu faul waren, sie zu bedienen? Dann erinnerte sie sich daran, dass, als sie mit Sibyl hier gewesen war, eine Tür am Ende des Ganges offen getanden hatte, durch die man den Garten sehen konnte, in dem Terrakotta-Töpfe gezeigt wurden. Es war möglich, dass Jimmy und Judy da draußen waren und einen Kunden berieten.

Trixie lief durch den zweiten Raum und durch den Gang. Die Tür zum Garten war nur angelehnt, und sie öffnete sie. Auf dem Rasen, in einem Korbsessel, lag Judy und schlief tief und fest. Ein Buchhaltungsheft war von ihrem Schoß gefallen und lag neben einem Stapel Bücher auf dem Gras. Es handelte sich um Anleitungen zur Steuererklärung, und einige sahen aus wie die Geschäftsbücher der Galerie. Es erinnerte Trixie an Poppy, die tagsüber immer einschlief, manchmal auf sehr peinliche Weise am Tisch oder sogar, während sie auf den Bus wartete. Judy war bei der Buchhaltung eingeschlafen. Trixie hustete. Sie sagte sehr laut und wiederholt, «Entschuldigung», aber Judy bewegte sich nicht.

Was für eine Art, ein Geschäft zu führen! Es würde ihnen recht geschehen, wenn jemand hereinkam und

shop. It would teach them a lesson. Trixie pulled the door closed behind her. She found herself tiptoeing as she walked back along the passage and through the second room. In the first room she took the ceramic clock with the convolvulus on it off the shelf and put it into her bag and she took the card too with the red sticker on it so as not to attract attention to the clock's absence. The pear-wood pear she replaced among the other carved fruit.

The street outside seemed deserted. Trixie's heart was beating rather fast. She went across the road into the little newsagent's and gift shop and bought Sibyl a teacloth with a map of Devonshire on it. At the door, as she was coming out again, she saw Jimmy coming along the street towards the gallery with a bag of groceries under one arm and two pints of milk in the other. Trixie stayed where she was until he had gone into Artifacts.

She didn't much fancy the walk back but there was no help for it. When she got to the bridge over the stream she heard hooves behind her and for a second or two had a feeling she was pursued by men on horseback but it was only a girl who passed her, riding a fat white pony.

Sibyl laughed when she saw the teacloth and said it was a funny thing to give someone who *lived* in Devonshire. Trixie felt nervous and couldn't eat her lunch. Jimmy and Judy would have missed the clock by now and the newsagent would have remembered a furtive-looking woman skulking in his doorway and described her to them and soon the police would come. If only Sibyl would hurry with the car! She moved so

den ganzen Laden ausräumte. Es würde ihnen eine Lehre sein. Trixie zog die Tür hinter sich zu. Sie bemerkte, dass sie auf Zehenspitzen durch den Gang und den zweiten Raum zurück ging. Im Eingangsraum nahm sie die Keramik-Uhr mit der Trichterwinde vom Regal und steckte sie in ihre Tasche. Sie nahm auch das Schildchen mit dem roten Aufkleber mit, um die Aufmerksamkeit nicht auf die Abwesenheit der Uhr zu lenken. Die Birnenholzbirne stellte sie wieder zu den anderen geschnitzten Früchten.

Die Straße draußen schien verlassen. Trixies Herz klopfte ziemlich schnell. Sie überquerte die Straße und betrat den kleinen Zeitungs- und Geschenkeladen und kaufte Sibyl ein Geschirrhandtuch mit einer Landkarte von Devonshire. Als sie gerade wieder aus der Tür treten wollte, sah sie Jimmy mit einer Tüte Lebensmittel unter dem einen und zwei Flaschen Milch unter dem anderen Arm die Straße in Richtung der Galerie heraufkommen. Trixie blieb stehen, wo sie war, bis er im *Artifacts* verschwunden war.

Sie hatte keine große Lust auf den Weg zurück, aber es ließ sich nicht ändern. Als sie an die Brücke über den Bach gelangte, hörte sie Hufe hinter sich und dachte einige Sekunden, dass sie von Reitern verfolgt wurde. Aber es war nur ein auf einem dicken weißen Pony reitendes Mädchen, das sie überholte.

Sibyl lachte, als sie das Geschirrtuch sah und bemerkte, es sei ein seltsames Geschenk für jemanden, der in Devonshire *lebte*. Trixie war nervös und konnte nicht zu Mittag essen. Jimmy und Judy würden jetzt das Fehlen der Uhr bemerkt haben, und der Zeitungshändler würde sich an eine verdächtig aussehende Frau erinnern, die sich in seiner Eingangstür herumgedrückt hatte. Er würde ihnen eine Beschreibung liefern, und bald würde die Polizei kommen. Wenn Sibyl sich doch nur mit dem Auto beeilen würde! Sie fuhr so langsam, Zeit hatte keine Bedeutung

slowly, time had no meaning for her. At this rate Trixie wouldn't even catch her train at Exeter.

She did catch it – just. Sibyl's car had been followed for several miles of the way by police in a Rover with a blue lamp on top and Trixie's heart had been in her mouth. Why had she done it? What had possessed her to take something she hadn't paid for, she who when shopping in supermarkets held 17p pots of yoghurt at arm's length?

Now she was safely in the train rushing towards Paddington she began to see things in a different light. She would have paid for that clock if they had let her. What did they expect if they refused to sell things they had on sale? And what *could* they expect if they went to sleep leaving their shop unattended? For a few moments she had a nasty little qualm that the police might be waiting for her outside her own door but they weren't. Inside all was as it should be, all was as she had left it except that Poppy had put a pint of milk in the fridge and someone had arranged dahlias in a vase – not Poppy, she wouldn't know a dahlia from a runner bean.

That would be just the place for the clock, on the wall bracket where at present stood a photograph of herself and Dorothy Fisher at Broadstairs in 1949. Trixie put the photograph away in a drawer and the clock where the photograph had been. It looked nice. It transformed a rather dull corner of the room. Trixie put one of the cups from her tea service beside it and it was amazing how well they matched.

Mivvy came round first thing in the morning. Before letting her in Trixie quickly snatched the clock off the shelf and thrust it inside the drawer

für sie. Unter diesen Umständen würde sie noch nicht einmal ihren Zug in Exeter bekommen.

Sie erreichte ihn gerade noch. Über mehrere Meilen hinweg war die Polizei in einem Rover mit Blaulicht auf dem Dach hinter Sibyls Auto her gefahren, und Trixies Herz hatte bis zum Hals geschlagen. Warum hatte sie es getan? Was hatte von ihr Besitz ergriffen, etwas mitzunehmen, das sie nicht bezahlt hatte – sie, die beim Einkauf in Supermärkten Joghurtbecher für 17 Penny armweit vor sich ausgestreckt hielt?

Nun, da sie sicher im Zug saß, der nach Paddington eilte, begann sie, alles in einem anderen Licht zu sehen. Sie hätte die Uhr bezahlt, wenn man sie nur gelassen hätte. Was erwarteten sie, wenn sie sich weigerten, Sachen zu verkaufen, die sie feilboten? Und was konnten sie erwarten, wenn sie einschliefen und ihr Geschäft unbeaufsichtigt ließen? Einen Augenblick lang fühlte sie eine kleine unangenehme Übelkeit, denn es war möglich, dass die Polizei vor ihrer eigenen Haustür auf sie wartete; aber sie wartete nicht. Drinnen war alles, wie es sein sollte, alles, wie sie es hinterlassen hatte, außer dass Poppy eine Flasche Milch in den Kühlschrank gestellt und dass jemand Dahlien in einer Vase arrangiert hatte – allerdings nicht Poppy, denn die konnte Dahlien nicht von Stangenbohnen unterscheiden.

Das würde der richtige Platz für die Uhr sein, auf dem Mauervorsprung, auf dem zur Zeit eine Fotografie von ihr und Dorothy Fisher aus dem Jahr 1949 in Broadstairs stand. Trixie legte die Fotografie in eine Schublade und stellte die Uhr dort auf, wo das Foto gewesen war. Sie sah reizend aus. Sie brachte eine Veränderung in eine sehr langweilige Ecke des Zimmers. Trixie stellte eine Tasse ihres Teeservices daneben; es war verblüffend, wie gut sie zusammenpassten.

Mivvy kam gleich am nächsten Morgen vorbei. Bevor Trixie sie hereinließ, schnappte sie schnell die Uhr und steckte sie in die Schublade zu der Fotografie. Sie sah so

with the photograph. It seemed so *exposed* up there, it seemed to tell its history in every tiny tick.

"How did you find Sibyl?"

Trixie wanted to say, I went in the train to Exeter and got out at the station and there was Sibyl waiting for me in her car... Only if you started mocking poor Mivvy where would you end? "Very frail, dear. I thought she was going a bit funny."

"I must drop her a line."

Mivvy always spoke as if her letters held curative properties. Receiving one of them would set you up for the winter. After she had gone Trixie considered replacing the clock on the shelf but thought better of it. Let it stay in the drawer for a bit. She had read of South American millionaires who have Old Masters stolen for them which they can never show but are obliged, for fear of discovery, to keep hidden away for ever in dark vaults.

Just before Christmas a letter came from Sibyl. They always sent each other Christmas cards. As Trixie said, if you can't get around to writing the rest of the year, at least you can at Christmas. Mivvy wrote hundreds. Sibyl didn't mention the theft of the clock or indeed mention the gallery at all. Trixie wondered why not. The clock was still in the drawer. Sometimes she lay awake in the night thinking about it, fancying she could hear its tick through the solid mahogany of the drawer, through the ceiling and the bedroom floorboards.

It was curious how she had taken a dislike to the convolvulus tea service. One day she found herself wrapping it in tissue paper and putting it away in the cupboard under the stairs. She took down all the trellis work round the front door and put up

herausgehoben aus da oben; mit jedem kleinen ‹Tick› schien sie ihre Geschichte zu erzählen.

«Wie hast du Sibyl vorgefunden?»

Trixie wollte sagen ‹ich fuhr mit dem Zug nach Exeter, stieg am Bahnhof aus, und da wartete Sibyl auf mich in ihrem Auto›... Aber welches Ende würde es nehmen, wenn man die arme Mivvy foppte? «Sehr zerbrechlich, Liebes. Ich dachte, sie wird ein wenig wunderlich.»

«Ich muss ihr ein paar Zeilen schicken.»

Mivvy sprach immer so, als ob ihre Briefe heilende Eigenschaften hätten. Erhielte man einen, wäre man für den Winter gerüstet. Als sie fort war, wollte Trixie die Uhr wieder auf das Regal stellen, aber sie überlegte es sich anders. Lass sie eine Weile in der Schublade. Sie hatte von südamerikanischen Millionären gelesen, die sich Alte Meister hatten stehlen lassen; die konnten sie nie zeigen, sondern mussten sie, aus Furcht vor der Entdeckung, für immer in dunklen Gewölben unter Verschluss halten.

Genau vor Weihnachten kam ein Brief von Sibyl an. Sie schickten sich immer Weihnachtskarten. Wie Trixie zu sagen pflegte, wenn man schon das ganze Jahr nicht zum Schreiben kommt, kann man es wenigstens an Weihnachten tun. Mivvy schrieb hunderte. Sibyl erwähnte weder den Diebstahl der Uhr noch die Galerie überhaupt. Trixie fragte sich, warum. Die Uhr befand sich noch immer in der Schublade. Manchmal lag Trixie nachts wach und dachte an sie. Sie stellte sich vor, dass sie ihr Ticken durch das solide Mahagoniholz der Kommode hören könne, durch die Decke und durch die Dielen des Schlafzimmerfußbodens hindurch.

Es war seltsam, dass sie eine Abneigung gegenüber dem Trichterwinden-Teeservice entwickelt hatte. Eines Tages ertappte sie sich dabei, wie sie es in Seidenpapier einwickelte und in einem Schrank unter der Treppe verstaute. Sie räumte das Gitter, das um die Eingangstür herum an-

wires for the clematis instead. In March she wrote to Sibyl to enquire if there was a new exhibition on at Artifacts. Sibyl didn't answer for weeks. When she did she told Trixie that months and months back one of those ceramic clocks had been stolen from the gallery and a few days later an embroidered picture had also gone and furniture out of the dolls' house. Hadn't Sibyl mentioned it before? She thought she had but she was getting so forgetful these days.

Trixie took the clock out of the drawer and put it on the shelf. Because she knew she couldn't be found out she began to feel she hadn't done anything wrong. The Fishers were bringing Poppy round for a cup of tea. Trixie started unpacking the convolvulus tea service. She lost her nerve when she heard Gordon Fisher's car door slam and she put the clock away again. If she were caught now she might get blamed for the theft of the picture and the dolls' house furniture as well. They would say she had sold those things and how could she prove she hadn't?

Poppy fell asleep halfway through her second buttered scone.

"She gets funnier every time I see her," Trixie said. "Sad, really. Sibyl's breaking up too. She'll forget her own name next. You should see her letters. I'll just show you the last one." She remembered she couldn't do that, it wouldn't be wise, so she had to pretend she'd mislaid it.

"Will you be going down there again this year, dear?" said Dorothy.

"Oh, I expect so. You know how it is, you get to the stage of thinking it may be the last time."

gebracht war, weg und brachte stattdessen Drähte für eine Klematis an. Im März schrieb sie an Sibyl und fragte, ob es bei *Artifacts* eine neue Ausstellung gäbe. Sibyl antwortete wochenlang nicht. Als sie antwortete, erzählte sie Trixie, dass vor Monaten eine der Keramik-Uhren aus der Galerie gestohlen worden war, und dass einige Tage darauf ein gesticktes Bild verschwunden war, wie auch Möbel aus dem Puppenhaus. Ob sie das nicht erzählt habe? Sie sei davon ausgegangen, aber sie sei so vergesslich in letzter Zeit.

Trixie nahm die Uhr aus der Schublade und stellte sie auf das Regal. Da sie wusste, dass sie nicht überführt werden konnte, fühlte sie zunehmend, dass sie nichts Schlimmes getan hatte. Fishers wollten Poppy zu einer Tasse Tee vorbeibringen. Trixie begann das Trichterwinden-Teeservice auszupacken. Sie verlor die Nerven, als sie Gordon Fishers Autotür zufallen hörte, und stellte die Uhr wieder weg. Wenn sie jetzt erwischt würde, könnte sie für den Diebstahl der Uhr und des Puppenhausmobiliars verantwortlich gemacht werden. Man würde sagen, dass sie die Sachen verkauft hätte, und wie sollte sie beweisen, dass dem nicht so war?

Poppy schlief ein, während sie ihr zweites Butterscone aß.

«Sie wird jedesmal wunderlicher, wenn ich sie sehe», sagte Trixie. «Wirklich traurig. Sibyl zerfällt auch immer mehr. Sie wird als nächstes ihren Namen vergessen. Ihr solltet ihre Briefe sehen. Ich werde euch einmal den letzten zeigen.» Es wurde ihr bewusst, dass sie das nicht tun konnte, weil es unklug gewesen wäre, also musste sie vortäuschen, ihn verlegt zu haben.

«Wirst du dieses Jahr wieder hinfahren, meine Liebe?» sagte Dorothy.

«Oh, ich denke schon. Du weißt, wie es ist: man kommt an den Punkt, an dem man denkt, es könnte das letzte Mal sein.»

Poppy woke up with a snort, said she hadn't been asleep and finished her scone.

Gordon asked Trixie, "Would you like to come with us to see Her Majesty open the new leisure complex in Rayleigh on Monday?"

Trixie declined. The Fishers went off to do their shopping, leaving Poppy behind. She was asleep again. She slept till six and, waking, asked Trixie if she had put something in her tea. It was most unusual, she said, for her to nod off like that. Trixie walked her back to the bus stop because the traffic whipped along there so fast you had to have your wits about you and drivers didn't respect zebra crossings the way they used to. Trixie marched across on the stripes, confident as a lollipop lady but without the lollipop, taking her life in her hands instead.

She wrote to Sibyl that she would come to Devonshire at the end of July, thinking that while there it might be best to make some excuse to avoid going near Artifacts. The clock was still in the drawer but wrapped up now in a piece of old flannel. Trixie had taken a dislike to seeing the colour of it each time she opened the drawer. She had a summer dress that colour and she wondered why she had ever bought it, it didn't flatter her, whatever it might do for the Queen Mother. Dorothy could have it for her next jumble sale.

Walking back from posting a letter, Mivvy fell over and broke her ankle. It was weeks getting back to *normal*. Well, you had to face it, it was never going to be normal. You wouldn't be exaggerating, Trixie wrote to Sibyl, if you said that obsession of hers for writing letters had crippled

Poppy wachte mit einem Grunzen auf, beteuerte, sie habe nicht geschlafen, und aß ihr Scone auf.

Gordon fragte Trixie: « Hättest du Lust, mit uns Ihre Majestät zu sehen, wenn sie am Montag in Rayleigh ein neues Freizeitzentrum einweiht? »

Trixie lehnte ab. Fishers brachen auf, um ihre Einkäufe zu erledigen, und ließen Poppy zurück. Sie war wieder eingeschlafen. Sie schlief bis um sechs und fragte Trixie, als sie aufwachte, ob sie ihr etwas in den Tee getan habe. Es sei sehr ungewöhnlich, sagte sie, dass sie einfach so einschlief. Trixie brachte sie zur Bushaltestelle, denn der Verkehr brauste so schnell vorbei, dass man alle Sinne beisammen haben musste. Die Fahrer beachteten Zebrastreifen nicht mehr wie früher. Trixie lief über den Streifen wie eine Schülerlotsin, nur ohne Kelle; stattdessen nahm sie ihr Leben selber in die Hand.

Sie schrieb Sibyl, dass sie Ende Juli nach Devonshire kommen würde. Sie dachte, es würde das Beste sein, während sie dort war eine Ausrede zu erfinden, um nicht in die Nähe von *Artifacts* gehen zu müssen. Die Uhr befand sich noch immer in der Schublade, war aber inzwischen in ein altes Wolltuch eingeschlagen. Trixie hatte eine Abneigung entwickelt, jedesmal ihre Farbe zu sehen, wenn sie die Schublade öffnete. Sie hatte ein Sommerkleid in dieser Farbe und fragte sich, warum sie es überhaupt gekauft hatte. Ihr stand es nicht, auch wenn es an der Königinmutter gut aussehen mochte. Dorothy könnte es für ihre nächste Tombola haben.

Mivvy, die einen Brief zur Post gebracht hatte, stürzte auf dem Heimweg und brach sich ihr Fußgelenk. Es dauerte Wochen, bis der Normalzustand wieder hergestellt war. Nun, man musste der Wahrheit ins Gesicht sehen, *normal* würde es nie wieder werden. Man übertrieb nicht, schrieb Trixie an Sibyl, wenn man sagte, dass ihre Schreibbesessenheit sie auf Lebenszeit zum Krüppel gemacht hatte.

her for life. Sibyl wrote back to say she was looking forward to the last week of July and what did Trixie think had happened? They had caught the thief of the pieces from Artifacts trying to sell the picture to a dealer in Plymouth. He had said in court he hadn't taken the clock but you could imagine how much credence the magistrate placed on that!

Trixie unwrapped the clock and put it on the shelf. Next day she got the china out. She wondered why she had been so precipitate in pulling all that trellis off the wall, it looked a lot better than strands of wire on metal hooks. Mivvy came round in a taxi, hobbling up the path on two sticks, refusing the offer of the taxi driver's arm.

"You'll be off to Sibyl's in a day or two, will you, dear?"

Trixie didn't know how many times she had told her not till Monday week. She was waiting for Mivvy to notice the clock but at this rate she was going to have to wait till Christmas.

"What do you think of my clock?"

"What, up there? Isn't that your Wedgwood coffee pot, dear?"

Trixie had to get it down. She thrust it under Mivvy's nose and started explaining what it was.

But Mivvy knew already. "Of course I know it's a clock, dear. It's not the first time I've seen one of these. Oh my goodness, no. The young man who makes these, he's a friend of my nephew Tony, they were at art school together. Let me see, what's his name? It will come to me in a minute. A tree, isn't it? Oak? Ash?

Sibyl schrieb zurück, um zu sagen, dass sie sich auf die letzte Woche im Juli freute, und ob Trixie sich vorstellen könne, was passiert sei. Man hatte den Dieb der Stücke von *Artifacts* dabei erwischt, als er versucht habe, das Bild an einen Händler in Plymouth zu verkaufen. Vor Gericht sagte er, dass er die Uhr nicht gestohlen habe, aber du kannst dir vorstellen, wie viel Glauben der Richter ihm schenkte!

Trixie wickelte die Uhr aus und stellte sie auf das Regal. Am nächsten Tag packte sie das Teeservice aus. Sie fragte sich, warum sie das Gitter so überstürzt von der Wand genommen hatte, es hatte doch um einiges besser ausgesehen als die an Metallhaken befestigten Drähte. Mivvy kam mit einem Taxi vorbei und humpelte den Weg auf zwei Stöcken hinauf, nachdem sie den angebotenen Arm des Taxifahrers abgelehnt hatte.

«Du fährst in ein oder zwei Tagen zu Sibyl, nicht wahr, Liebes?»

Trixie konnte sich nicht erinnern, wie viele Male sie ihr gesagt hatte, dass sie nicht vor dem nächsten Montag fahren würde. Sie wartete darauf, dass Mivvy die Uhr bemerkte, aber bei dieser Geschwindigkeit würde sie bis Weihnachten darauf warten müssen.

«Was hältst du von meiner Uhr?»

«Welche, da oben? Ist das nicht deine Wedgwood Kaffeekanne, meine Liebe?»

Trixie musste sie herunter holen. Sie hielt sie Mivvy unter die Nase und begann zu erklären, was es war.

Aber Mivvy wusste bereits Bescheid. «Natürlich weiß ich, dass das eine Uhr ist, Liebes. Es ist nicht zum ersten Mal, dass ich so eine sehe. Ach, mein Gott, nein. Der junge Mann, der sie macht, ist ein Freund meines Neffen Tony, sie waren zusammen auf der Kunsthochschule. Lass mich überlegen, wie war doch noch sein Name? Er wird mir gleich einfallen. Ein Baum, nicht wahr? Eiche? Esche? Peter

Peter Oak? No, Elm is his name. Something Elm. Roland Elm."

Trixie said nothing. The glazed surface of the clock felt very cold against the skin of her hands.

"He never makes them to order, you know. He just makes a limited number for a few selected galleries. Tony told me that. Where did you get yours, I wonder?"

Trixie said nothing. There was worse coming and she waited for it.

"Not around here, I'm sure. I know there are only two or three places in the country they go to. It will come to me in a minute. I shall be writing to Tony tomorrow and I'll mention about you having one of Richard's – no, I mean Raymond's, that is, Roland's, clocks. I always write to him on Tuesdays. Tuesday is his day. I'll mention you've got one with bindweed on it. They're all different, you know. He never makes two alike."

"It's convolvulus, not bindweed," said Trixie. "I'd rather you didn't write to Tony about it if you don't mind."

"Oh, but I'd like to mention it, dear. Whyever not? I won't mention your name if you don't want me to. I'll just say that lady who goes down to stay with Auntie Sibyl in Devonshire."

Trixie said she would walk with Mivvy up to the High Street. It was hopeless trying to get a taxi outside here. She fetched Mivvy's two sticks.

"You take my arm and I'll hold your other stick."

The traffic whipped along over the zebra crossing. You were at the mercy of those drivers, Trixie said, it was a matter of waiting till they condescended to stop.

Eiche? Nein, Ulme ist sein Name. Soundso Ulme. Roland Ulme.»

Trixie sagte nichts. Die lasierte Oberfläche der Uhr fühlte sich sehr kalt auf der Haut ihrer Hände an.

«Er stellt sie nie auf Bestellung her, weißt du. Er macht immer nur eine begrenzte Anzahl für wenige ausgewählte Galerien. Hat Tony mir erzählt. Woher hast du deine, frage ich mich?»

Trixie sagte nichts. Es würde noch schlimmer kommen, und darauf wartete sie.

«Nicht hier aus der Gegend, da bin ich sicher. Ich weiß, dass sie nur an zwei oder drei Orte im Land gehen. Es wird mir gleich einfallen. Ich werde Tony morgen schreiben und ich werde erwähnen, dass du eine Uhr von Richard hast – nein, ich meine Raymond, oder vielmehr Roland. Ich schreibe ihm immer dienstags. Dienstag ist sein Tag. Ich werde erwähnen, dass du eine mit Wicken hast. Sie sind alle unterschiedlich, weißt du. Er macht nie zwei gleiche.»

«Es sind Trichterwinden, keine Wicken», sagte Trixie. «Mir wäre es lieber, du würdest Tony nicht davon schreiben, wenn es dir nichts ausmacht.»

«Oh, aber ich würde es gerne erwähnen, Liebes. Warum auch nicht? Ich werde deinen Namen nicht erwähnen, wenn du es nicht möchstest. Ich werde nur schreiben, die Dame, die Tante Sibyl in Devonshire besuchen wird.»

Trixie sagte, sie würde mit Mivvy zur Hauptstraße laufen. Es sei hoffnungslos, hier ein Taxi zu bekommen. Sie griff nach Mivvys zwei Stöcken.

«Du nimmst meinen Arm, und ich halte deinen anderen Stock.»

Der Verkehr brauste vorbei über den Zebrastreifen. Man war auf die Gnade dieser Fahrer angewiesen, sagte Trixie. Man musste warten, bis sie sich dazu herabließen, anzuhalten.

"Don't you set foot on those stripes till they stop," she said to Mivvy.

Mivvy didn't, so the cars didn't stop. A container lorry, a juggernaut, came thundering along, but a good way off still. Trixie thought it was going much too fast.

"Now if we're quick," she said. "Run for it!"

Startled by the urgency in her voice, Mivvy obeyed, or tried to obey as Trixie dropped her arm and gave her a little push forward. The lorry's brakes screamed like people being tortured and Trixie jumped back, screaming herself, covering her face with her hands so as not to see Mivvy under those giant wheels.

Dorothy Fisher said she quite understood Trixie would still want to go to Sibyl's for her holiday. It was the best thing in the world for her, a rest, a complete change, a chance to forget. Trixie went down by train on the day after the funeral. She had the clock in her bag with her, wrapped first in tissue paper and then in her skyblue dress. The first opportunity that offered itself she would take the clock back to Artifacts and replace it on the shelf she had taken it from. This shouldn't be too difficult. The clock was a dangerous possession, she could see that, like one of those notorious diamonds that carry a curse with them. Pretty though it was, it was an *unlucky* clock that had involved her in trouble from the time she had first taken it.

There was no question of walking to Artifacts this time. Sibyl was too frail for that. She had gone downhill a lot since last year and symptomatic of her deterioration was her exchange of

«Setze bloß keinen Fuß auf diesen Zebrastreifen, bis sie anhalten», sagte sie zu Mivvy.

Mivvy bewegte sich nicht, und so hielten auch die Autos nicht an. Ein Container-Lastwagen, ein Schwerlaster, kam herangedonnert, war aber noch ein Stück entfernt. Trixie dachte, er fahre viel zu schnell.

«Jetzt, wenn wir uns beeilen», sagte sie. «Los!»

Überrascht von der Dringlichkeit in ihrer Stimme, gehorchte Mivvy, oder vielmehr: sie versuchte zu gehorchen, als Trixie ihren Arm losließ und ihr einen kleinen Schubs nach vorn gab. Die Bremsen des Lastwagens kreischten wie Menschen in Folter, und Trixie sprang zurück. Auch sie schrie und bedeckte ihr Gesicht mit den Händen, um nicht Mivvy unter den riesigen Rädern sehen zu müssen.

Dorothy Fisher sagte, sie könne sehr gut verstehen, dass Trixie immer noch vorhatte, bei Sibyl Urlaub zu machen. Es war wahrscheinlich das Beste für sie, eine Pause, eine komplette Veränderung, eine Möglichkeit zu vergessen. Am Tag nach der Beerdigung fuhr Trixie mit dem Zug hin. Sie hatte die Uhr in ihrer Tasche, eingepackt zuerst in Seidenpapier und dann in ihr himmelblaues Kleid. Die erste Möglichkeit, die sich ihr bot, würde sie ergreifen, um die Uhr zurück zu *Artifacts* zu bringen und sie auf das Regal zu stellen, von dem sie sie herunter geholt hatte. Dies sollte nicht allzu schwierig sein. Die Uhr war ein gefährlicher Besitz, das hatte sie begriffen, wie einer dieser berüchtigten Diamanten, auf denen ein Fluch lastet. Schön wie sie war – sie war eine *Unglücks*uhr, die sie in Schwierigkeiten gebracht hatte von dem Augenblick an, da sie sie in die Hand genommen hatte.

Dieses Mal war gar nicht daran zu denken, zu *Artifacts* zu laufen. Sibyl war zu zerbrechlich dafür. Ihre Gesundheit hatte sich seit dem letzten Jahr um einiges verschlechtert, und ein Zeichen für die Verschlechterung war der Aus-

the grey wig for a lilac-blue one. They went in the car though Trixie was by no means sure Sibyl was safe at the wheel.

As soon as they walked into the gallery Trixie saw that she had no hope of replacing the clock without being spotted. There was a desk in the first room now with a plump smiling lady sitting at it who Sibyl said was Judy's mother. Trixie thought that amazing – a mother not minding her daughter cohabiting with a man she wasn't married to. Living with a daughter living in sin, you might put it. Jimmy was in the second room, up on a ladder doing something to the window catch.

"They're having upstairs remodelled," said Sibyl. "You can't go up there." And when Trixie tried to make her way towards the garden door, "You don't want to be had up for trespassing, do you?" She winked at Judy's mother. "We're none of us getting any younger when all's said and done, are we?"

They went back to Sibyl's, the clock still in Trixie's bag. It seemed to have grown heavier. She could hear it ticking through the leather and the folds of the sky-blue dress. In the afternoon when Sibyl lay down on the sofa for her rest, the lilac wig stuck on top of a Poole pottery vase, Trixie went out for a walk, taking the clock with her. She came to the hump-backed bridge over the stream where the water was very low, for it had been a dry summer. She unwrapped the clock and dropped it over the low parapet into the water. It cracked but the trellis work and the convolvulus remained intact and the movement continued to move and to tick as well for all Trixie knew. The blue and green, the pink flowers and the gilt,

tausch ihrer grauen Perücke gegen eine lila-bläuliche. Sie fuhren mit dem Auto, obwohl Trixie keineswegs sicher war, ob man Sibyl am Steuer noch trauen konnte.

Sobald sie die Galerie betreten hatten, erkannte Trixie, dass sich für sie keine Gelegenheit bieten würde, die Uhr zurück zu stellen, ohne bemerkt zu werden. Es gab inzwischen einen Ladentisch im Eingangsraum, an dem eine rundliche Frau saß. Nach Sibyls Auskunft handelte es sich um Judys Mutter. Trixie dachte, dass dies erstaunlich sei – eine Mutter, die es nicht störte, dass ihre Tochter mit einem Mann zusammenlebte, mit dem sie nicht verheiratet war. Bei einer Tochter wohnen, die in Sünde lebt, so könnte man es ausdrücken. Jimmy stand im zweiten Raum auf einer Leiter und machte sich am Fensterriegel zu schaffen.

«Sie lassen das Obergeschoss umgestalten», sagte Sibyl. «Du kannst nicht nach oben gehen.» Und als Trixie versuchte, in Richtung Gartentür zu laufen, «Du möchtest doch nicht, dass sie dich dabei erwischen, wie du unbefugt irgendwo eintrittst?» Sie zwinkerte Judys Mutter zu. «Letzten Endes wird keine von uns jünger, nicht wahr?»

Sie fuhren zurück zu Sibyl; die Uhr war noch immer in Trixies Tasche. Sie schien schwerer geworden zu sein. Sie konnte sie durch das Leder und die Falten des himmelblauen Kleides ticken hören. Am Nachmittag, als Sibyl sich auf das Sofa gelegt hatte, um zu ruhen – die lilafarbene Perücke hatte sie einer Poole-Keramikvase aufgesetzt – ging Trixie nach draußen, um spazieren zu gehen. Die Uhr nahm sie mit. Sie gelangte zu der buckeligen Brücke, die über den Bach führte, dessen Wasser sehr niedrig stand, denn es war ein sehr trockener Sommer gewesen. Sie wickelte die Uhr aus und ließ sie über die niedrige Brüstung ins Wasser fallen. Sie zerbrach, aber das Gitterwerk und die Trichterwinde blieben ganz, und das Uhrwerk lief weiter und tickte, so weit Trixie das beurteilen konnte, genau so gut wie vorher. Das Blau und das Grün, die rosaroten Blumen und

gleamed through the water like some exotic iridescent shell.

Trixie went down the bank. She took off her shoes and waded into the water. It was surprisingly cold: She picked up a large flat stone and beat at the face of the clock with it. She beat with unrestrained fury, gasping and grunting at each blow. The green trellis and the blue sky, the glass face and the pink flowers, all shattered. But they were still there, bright jewel-like shards, for all to see who came this way across the bridge.

Squatting down, Trixie scooped up handfuls of pebbles and buried the pieces of clock under them. With her nails she dug a pit in the bed of the stream and pushed the coloured fragments into it, covering them with pebbles. Her hands were bleeding, her knees were bruised and her dress was wet. In spite of her efforts the bed of the stream was still spread with ceramic chips and broken glass and pieces of gilt metal. Trixie began to sob and crawl from side to side of the stream, ploughing her hands through the blue and green and gold gravel, and it was there that one of Sibyl's neighbours found her as he was driving home over the bridge.

He lifted her up and carried her to his car.

"Tick-tock," said Trixie. "Tick-tock. Convolvulus clock."

das Gold schimmerten durch das Wasser wie eine exotische, in Regenbogenfarben schillernde Muschel.

Trixie lief ans Ufer hinunter. Sie zog ihre Schuhe aus und watete ins Wasser. Es war überraschend kalt. Sie hob einen großen flachen Stein auf und schlug auf das Zifferblatt der Uhr ein. Sie schlug mit ungezügelter Wut, sie keuchte und ächzte bei jedem Schlag. Das grüne Gitterwerk und der blaue Himmel, das gläserne Zifferblatt und die rosaroten Blumen, alles zersprang. Aber sie waren noch immer da, die leuchtenden, juwelenartigen Scherben, sichtbar für jeden, der auf dieser Seite über die Brükke kam.

Trixie kauerte sich hin und schaufelte handvollweise Kieselsteine heraus und begrub unter ihnen die Stückchen der Uhr. Mit ihren Fingern bohrte sie eine Kuhle in das Bachbett, kehrte die bunten Teilchen hinein und bedeckte sie mit Kieselsteinen. Ihre Hände bluteten, ihre Knie waren aufgeschlagen, und ihr Kleid war nass. Trotz ihrer Anstrengungen waren im Bachbett noch immer Keramiksplitter, Glasscherben und vergoldete Metallstückchen verteilt. Trixie begann zu schluchzen, von einer Seite des Baches auf die andere zu krabbeln und mit den Händen den blauen, grünen und goldfarbenen Kies zu durchpflügen. So entdeckte sie einer von Sibyls Nachbarn, als er über die Brücke nach Hause fuhr.

Er hob sie auf und trug sie zu seinem Auto.

«Ticke-tacke», sagte Trixie. «Ticke-tacke, Uhren-Makke.»

Jane Gardam: Bang, Bang – Who's Dead?

There is an old house in Kent not far from the sea where a little ghost girl plays in the garden. She wears the same clothes winter and summer – long black stockings, a white dress with a pinafore, and her hair flying about without a hat, but she never seems either hot or cold. They say she was a child of the house who was run over at the drive gates, for the road outside is on an upward bend as you come to the gates of The Elms – that's the name of the house, The Elms – and very dangerous. But there were no motor cars when children wore clothes like that and so the story must be rubbish.

No grown person has ever seen the child. Only other children see her. For over fifty years, when children have visited this garden and gone off to play in it, down the avenue of trees, into the walled rose-garden, or down deep under the high dark caves of the polished shrubs where queer things scutter and scrattle about on quick legs and eyes look out at you from round corners, and pheasants send up great alarm calls like rattles, and whirr off out of the wet hard bracken right under your nose, "Where've you been?" they get asked when they get back to the house.

"Playing with that girl in the garden."

"What girl? There's no girl here. This house has no children in it."

"Yes it has. There's a girl in the garden. She can't half run."

When last year The Elms came up for sale, two parents – the parents of a girl called Fran –

Jane Gardam: Peng, peng – wer ist tot?

Es gibt ein altes Haus in Kent nicht weit vom Meer entfernt, da spielt ein kleines Geistermädchen im Garten. Sie trägt immer die gleichen Kleider, ob Winter oder Sommer – lange schwarze Strümpfe und ein weißes Kleid mit einer Schürze. Ihr Haar weht ohne Hut umher, aber ihr scheint es niemals zu warm oder zu kalt zu sein. Man sagt, sie sei ein Kind des Hauses gewesen, das am Einfahrtstor überfahren wurde, denn die Straße, auf der man zu den *Elms* kommt – das ist der Name des Hauses, *The Elms* – macht kurz vor dem Tor eine Aufwärtskurve und ist sehr gefährlich. Aber es gab noch gar keine Automobile zu der Zeit, als Kinder solche Kleider trugen, also muss die Geschichte Unfug sein.

Kein Erwachsener hat das Kind jemals gesehen. Nur andere Kinder sehen es. Seit über fünfzig Jahren werden Kinder, wenn sie diesen Garten besuchen und hinein laufen, um in ihm zu spielen – die Allee hinunter in den ummauerten Rosengarten, oder tief hinunter in die hohen dunklen Höhlen der zurechtgestutzten Sträucher, in denen seltsame Geschöpfe auf flinken Füßen hin und her krabbeln und herumkriechen, wo um eine Ecke herum Augen schielen, Fasane laute Alarmsignale wie Rasseln ausstoßen und einem aus dem nassen harten Farn heraus direkt unter die Nase schwirren – und nun wieder zurück ans Haus kommen, gefragt: ‹Wo bist du gewesen?›

«Ich habe mit diesem Mädchen im Garten gespielt.»

«Welches Mädchen? Es gibt da kein Mädchen. In diesem Haus gibt es keine Kinder.»

«Doch, es gibt welche. Da ist ein Mädchen im Garten. Die *kann* vielleicht rennen!»

Als *The Elms* im letzten Jahr zum Verkauf angeboten wurden, sah sich ein Elternpaar – die Eltern eines Mäd-

looked at each other with a great longing gaze. The Elms.

"We could never afford it."

"I don't know. It's in poor condition. We might. They daren't ask much for such an overgrown place."

"All that garden. We'd never be able to manage it. And the house is so far from anywhere."

"It's mostly woodland. It looks after itself."

"Don't you believe it. Those elms would all have to come down for a start. They're diseased. There's masses of replanting and clearing to do. And think of the upkeep of that long drive."

"It's a beautiful house. And not really a huge one."

"And would you *want* to live in a house with –"

They both looked at Fran who had never heard of the house. "With what?" she asked.

"Is it haunted?," she asked. She knew things before you ever said them. Almost before you thought of them.

"Of course not," said her father.

"Yes," said her mother.

Fran gave a squealing shudder.

"Now you've done it," said her father. "No point now in even going to look at it.

"How is it haunted?" asked Fran.

"It's only the garden," said her mother. "And very *nicely* haunted. By a girl about your age in black stockings and a pinafore."

"What's a pinafore."

"Apron."

"*Apron*. How cruddy."

chens mit Namen Fran – mit einem sehnsuchtsvollen Blick an: *The Elms.*

«Wir können uns das nie leisten.»

«Ich weiß nicht. Es ist in einem schlechten Zustand. Vielleicht ginge es. Sie werden nicht wagen, viel für ein so verwildertes Grundstück zu verlangen.»

«Der ganze Garten. Wir werden nie in der Lage sein, uns darum zu kümmern. Und das Haus liegt so weit abseits.»

«Es ist hauptsächlich Waldgebiet. Das kümmert sich um sich selbst.»

«Glaub das bloß nicht. Die Ulmen müssten erst einmal alle gefällt werden. Sie sind krank. Es muss so vieles neu angepflanzt werden, und all die Aufräumarbeiten. Und denke an die Instandhaltung der langen Auffahrt.»

«Es ist ein schönes Haus. Und nicht wirklich riesig.»

«Aber würdest du in einem Haus wohnen wollen mit einem…»

Beide schauten Fran an, die noch nie von dem Haus gehört hatte. «Mit was?» fragte sie.

«Spukt es dort?» fragte sie. Sie wusste über manches Bescheid, bevor man es überhaupt erwähnte. Beinahe, bevor man daran dachte.

«Natürlich nicht», sagte ihr Vater.

«Doch», sagte die Mutter.

Fran schüttelte sich quiekend.

«Jetzt hast du es geschafft», sagte der Vater. «Nun brauchen wir es uns gar nicht erst anzusehen.»

«Wie sieht der Spuk aus?» fragte Fran.

«Es ist nur der Garten», sagte ihre Mutter. «Und es spukt dort sehr *nett.* Es ist ein Mädchen in deinem Alter mit schwarzen Strümpfen und einer Kittelschürze.»

«Was ist eine Kittelschürze?»

«Eine Schürze eben.»

«Eine *Schürze.* Wie bescheuert.»

"She's from the olden days."

"Fuddy-duddy-cruddy," said Fran, preening herself about in her tee-shirt and jeans.

After a while though she noticed that her parents were still rattling on about The Elms. There would be spurts of talks and then long silences. They would stand for ages moving things pointlessly about on the kitchen table, drying up the same plate three times. Gazing out of windows. In the middle of Fran telling them something about her life at school they would say suddenly, "Rats. I expect it's overrun with rats."

Or, "What about the roof?"

Or, "I expect some millionaire will buy it for a Country Club. Oh, it's far beyond us, you know."

"When are we going to look at it?" asked Fran after several days of this, and both parents turned to her with faraway eyes.

"I want to see this girl in the garden," said Fran because it was a bright sunny morning and the radio was playing loud and children not of the olden days were in the street outside, hurling themselves about on bikes and wearing jeans and tee-shirts like her own and shouting out, "Bang, bang, you're dead."

"Well, I suppose we could just telephone," said her mother "Make an appointment."

Then electricity went flying about the kitchen and her father began to sing.

They stopped the car for a moment inside the propped-back iron gates where there stood a rickety table with a box on it labelled "Entrance Fee. One pound."

«Sie stammt aus einer früheren Zeit.»

«Verkalkt und bescheuert», sagte Fran, die sich in T-Shirt und Jeans ziemlich toll vorkam.

Aber nach einer Weile bemerkte sie, dass ihre Eltern immer noch von *The Elms* redeten. Auf lebhafteste Unterhaltungen folgte anhaltendes Schweigen. Sie standen ewig lange herum und schoben Gegenstände sinnlos auf dem Küchentisch hin und her, trockneten den selben Teller dreimal ab, starrten zum Fenster hinaus. Mitten in einer Geschichte, die Fran von ihrem Schultag erzählte, sagten sie plötzlich: «Ratten. Bestimmt gibt es Horden von Ratten.»

Oder: «Was ist mit dem Dach?»

Oder: «Wahrscheinlich wird es ein Millionär für einen Landclub kaufen. Ach, es ist einfach eine Nummer zu groß für uns.»

«Wann werden wir es uns ansehen?» fragte Fran, nachdem einige Tage auf diese Weise verstrichen waren; die Eltern wandten sich ihr mit verträumtem Blick zu.

«Ich möchte dieses Kind im Garten sehen», sagte Fran, denn es war ein heller sonniger Morgen, und das Radio war laut aufgedreht, und Kinder, die nicht aus einer früheren Zeit stammten, waren draußen auf der Straße, flitzten mit ihren Fahrrädern umher, trugen Jeans und T-Shirts wie sie selber und riefen: «Peng, peng, du bist tot.»

«Nun, ich nehme an, wir könnten einfach anrufen», sagte ihre Mutter. «Einen Termin ausmachen.»

Dann lag eine knisternde Spannung in der Luft der Küche, und ihr Vater fing an zu singen.

Innerhalb der aufgesperrten Eisentore, wo ein wackliger Tisch mit einem Kasten stand, auf den ‹Eintrittspreis 1 Pfund› geschrieben war, hielten sie einen Augenblick an.

"We don't pay an entrance fee," said Fran's father. "We're here on business."

"When I came here as a child," said Fran's mother, "we always threw some money in.

"Did you often come?"

"Oh, once or twice. Well yes. Quite often. Whenever we had visitors we always brought them to The Elms. We used to tell them about – "

"Oh yes. Ha-ha. The ghost."

"Well, it was just something to do with people. On a visit. I'd not be surprised if the people in the house made up the ghost just to get people to come."

The car ground along the silent drive. The drive curved round and round. Along and along. A young deer leapt from one side of it to the other in the green shadow, its eyes like lighted grapes. Water in a pool in front of the house came into view.

The house held light from the water. It was a long, low, creamy coloured house covered with trellis and on the trellis pale wisteria, pale clematis, large papery early roses. A huge man was staring from the ground-floor window.

"Is that the ghost?" asked Fran.

Her father sagely, solemnly parked the car. The air in the garden for a moment seemed to stir, the colours to fade. Fran's mother looked up at the gentle old house.

"Oh – look," she said, "It's a portrait. Of a man. He seems to be looking out. It's just a painting, for goodness sake."

But the face of the long-dead seventeenth-century man eyed the terrace, the semi-circular flight of steps, the family of three looking up at him beside their motor car.

«Wir zahlen keinen Eintrittspreis», sagte Frans Vater. «Wir sind geschäftlich hier.»

«Wenn ich hier als Kind herkam», sagte Frans Mutter, «warfen wir immer etwas Geld hinein.»

«Wart ihr oft hier?»

«Ach, ein- oder zweimal. Nun, ja. Ziemlich oft. Wann immer wir Besuch hatten, brachten wir ihn zu *The Elms*. Wir erzählten immer von...»

«Ach ja. Ha-ha. Dem Gespenst.»

«Nun, es war einfach etwas, was man mit den Leuten unternehmen konnte. Mit Besuch. Es würde mich nicht überraschen, wenn die Bewohner des Hauses den Geist erfunden hätten, nur um Besucher anzulocken.»

Das Auto fuhr die stille Auffahrt entlang. Die Auffahrt wand sich und wand sich. Weiter und weiter. Im grünen Schatten sprang ein junger Hirsch von einer Seite auf die andere, mit Augen wie leuchtende Trauben. Das Wasser eines Teichs vor dem Haus kam in Sicht.

Der Wasserspiegel strahlte Licht auf das Haus. Es war ein langgestrecktes, niedriges, crémefarbenes Haus mit Spaliergittern; an den Gittern wuchsen blasse Glyzinien, blasse Klematis und große hauchdünne Frührosen. Ein riesiger Mann starrte zum Erdgeschossfenster heraus.

«Ist das der Geist?» fragte Fran.

Ihr Vater parkte das Auto würdevoll und feierlich. Die Luft im Garten schien sich für einen Augenblick zu rühren, die Farben schienen zu verblassen. Frans Mutter betrachtete das reizende alte Haus.

«Oh – seht», sagte sie, «es ist ein Porträt. Ein Mann. Er scheint heraus zu schauen. Es ist Gott sei dank nur ein Gemälde.»

Aber das Gesicht des längst verstorbenen Mannes aus dem siebzehnten Jahrhundert beäugte die Terrasse, die halbkreisförmige Treppe und die dreiköpfige Familie neben ihrem Auto, die zu ihm aufschaute.

"It's just a painting."

"Do we ring the bell? At the front door?"

The half-glazed inner front door above the staircase of stone seemed the door of another shadowy world.

"I don't want to go in," said Fran. "I'll stay here."

"Look, if we're going to buy this house," said her father, "you must come and look at it."

"I want to go in the garden," said Fran. "Anyone can see the house is going to be all right."

All three surveyed the pretty house. Along the top floor of it were heavily barred windows.

"They barred the windows long ago," said Fran's mother, "to stop the children falling out. The children lived upstairs. Every evening they were allowed to come down and see their parents for half an hour and then they went back up there to bed. It was the custom for children."

"Did the ghost girl do that?"

"Don't be ridiculous," said Fran's father.

"But did she?"

"What ghost girl?" said Fran's father. "Shut up and come and let's look at the house."

A man and a woman were standing at the end of the hall as the family rang the bell. They were there waiting, looking rather vague and thin. Fran could feel a sadness and anxiety through the glass of the wide, high door, the woman with her gaunt old face just standing; the man blinking.

In the beautiful stone hall at the foot of the stairs the owners and the parents and Fran confronted each other. Then the four grown people

«Es ist nur ein Bild.»

«Klingeln wir? An der Eingangstür?»

Die halbverglaste innere Eingangstür oberhalb der steinernen Treppe schien die Tür zu einer anderen, schattenhaften Welt zu sein.

«Ich möchte nicht hinein gehen», sagte Fran. «Ich bleibe hier.»

«Schau, wenn wir das Haus kaufen sollten», sagte ihr Vater, «musst du mit hinein gehen und es dir anschauen.»

«Ich möchte in den Garten gehen», sagte Fran. «Jeder kann sehen, dass das Haus in Ordnung ist.»

Alle drei betrachteten das hübsche Haus. In seinem Obergeschoss hatte es eine Reihe schwervergitterter Fenster.

«Die Fenster haben sie vor langer Zeit vergittert», sagte Frans Mutter, «damit die Kinder nicht hinabstürzen konnten. Die Kinder wohnten oben. Jeden Abend durften sie für eine halbe Stunde herunter kommen und ihre Eltern sehen, und dann gingen sie wieder nach oben und zu Bett. Das war so üblich für Kinder.»

«Hat das auch das Geistermädchen getan?»

«Mach dich nicht lächerlich», sagte Frans Vater.

«Aber galt das auch für sie?»

«Welches Geistermädchen?» fragte Frans Vater. «Sei still, komm und lass uns das Haus anschauen.»

Ein Mann und eine Frau standen am Ende des Korridors, als die Familie klingelte. Sie warteten dort; sie sahen sehr verschwommen und dünn aus. Fran konnte durch das Glas der breiten, hohen Tür hindurch etwas Trauriges und Ängstliches spüren: wie die Frau mit ihrem hageren, alten Gesicht so dastand; und wie der Mann blinzelte.

In dem schönen mit Steinplatten ausgelegten Korridor begegneten sich die Inhaber, die Eltern und Fran am Fuß der Treppe. Dann schritten die vier Erwachsenen

advanced with their hands outstretched, like some dance.

"The house has always been in my family," said the woman. "For two hundred years."

"Can I go out?" asked Fran.

"For over fifty years it was the possession of three sisters. My three great-aunts."

"Mum – can I? I'll stay by the car."

"They never married. They adored the house. They scarcely ever left it or had people to stay. There were never any children in this house."

"Mum –"

"*Do,*" said the woman to Fran. "Do go and look around the garden. Perfectly safe. Far from the road."

The four adults walked away down the stone passage. A door to the dining-room was opened: "This," said the woman, "is said to be the most beautiful dining-room in Kent."

"What was that?" asked Fran's mother: "Where is Fran?"

But Fran seemed happy. All four watched her in her white tee-shirt running across the grass. They watched her through the dining-room window all decorated round with frills and garlands of wisteria. "What a sweet girl," said the woman. The man cleared his throat and went wandering away.

"I think it's because there have never been any children in this house that it's in such beautiful condition," said the woman. "Nobody has even been unkind to it."

"I wouldn't say," said Fran's mother, "that children were – "

"Oh, but you can tell a house where children have taken charge. Now your dear little girl would never – "

mit ausgestreckten Händen nach vorne, wie bei einem Tanz.

«Das Haus war immer in meiner Familie», sagte die Frau. «Zweihundert Jahre lang.»

«Kann ich nach draußen gehen?» fragte Fran.

«Mehr als fünfzig Jahre lang war es im Besitz dreier Schwestern. Meiner drei Großtanten.»

«Mami, darf ich? Ich warte am Auto.»

«Sie heirateten nie. Sie verehrten das Haus. Sie verließen es selten und hatten kaum Besuch. Es gab nie Kinder in diesem Haus.»

«Mami...»

«*Geh*», sagte die Frau zu Fran. «Geh und schau dich im Garten um. Ist vollkommen sicher. Weit weg von der Straße.»

Die vier Erwachsenen entfernten sich durch den steinernen Gang. Eine Tür zum Esszimmer wurde geöffnet. «Dies», sagte die Frau, «so sagt man, ist das schönste Speisezimmer in ganz Kent.»

«Was war das?» fragte Frans Mutter. «Wo ist Fran?»

Aber Fran schien es gut zu gehen. Alle vier beobachteten, wie sie in ihrem weißen T-Shirt über das Gras rannte. Sie beobachteten sie durch das Esszimmerfenster, das rundherum mit Rüschen und Glyzinien-Girlanden verziert war. «Was für ein süßes Mädchen», sagte die Frau. Der Mann räusperte sich und ging weiter.

«Ich denke, es liegt daran, dass in diesem Haus nie Kinder gewesen sind, dass es in einem solch schönen Zustand ist», sagte die Frau. «Noch war jemals irgendwer unfreundlich zu ihm.»

«Ich würde nicht sagen», sagte Frans Mutter, «dass Kinder...»

«Ach, man kann durchaus erkennen, ob in einem Haus Kinder das Kommando übernommen haben. Aber Ihre liebe kleine Tochter würde niemals...»

The parents were taken into a room that smelled of rose-petals. A cherry-wood fire was burning although the day was very hot. Most of the fire was soft white ash. Somebody had been doing some needlework. Dogs slept quietly on a rug. "Oh, Fran would love –" said Fran's mother looking out of the window again. But Fran was not to be seen.

"Big Family?" asked the old man suddenly.

"No. Just – Just one daughter, Fran."

"Big house for just one child."

"But you said there had never been children in this house."

"Oh – wouldn't say never. Wouldn't say never."

Fran had wandered away towards the garden but then had come in again to the stone hall; there she stopped to look at herself in a long dimm glass. There was a blue jar with a lid on a low table, and she lifted the lid and saw a heap of dried rose-petals. The lid dropped back rather hard and wobbled on the jar as if to fall off. "Children are unkind to houses," she heard the floating voice of the woman shepherding her parents from one room to another. Fran pulled an unkind face at the jar. She turned a corner of the hall and saw the staircase sweeping upwards and round a corner. On the landing someone seemed to be standing, but then as she looked seemed not to be there after all. "Oh yes," she heard the woman's voice, "oh yes, I suppose so. Lovely for children. The old nurseries should be very adequate. We never go up there."

"If there are nurseries," said Fran's father, "there must once have been children."

Die Eltern wurden in ein Zimmer geführt, das nach Rosenblüten duftete. Ein Kirschholzfeuer brannte, obwohl es ein sehr heißer Tag war. Das Feuer bestand zum großen Teil aus weicher weißer Asche. Jemand hatte eine Handarbeit gemacht. Hunde schliefen friedlich auf einem Läufer. «Oh, Fran würde es lieben…» sagte Frans Mutter und schaute wieder zum Fenster hinaus. Aber Fran war nicht zu sehen.

«Eine große Familie?» fragte der alte Mann plötzlich.

«Nein. Nur – nur eine Tochter, Fran.»

«Ein großes Haus für nur ein Kind.»

«Aber Sie sagten doch, dass es nie Kinder in diesem Haus gegeben habe.»

«Oh, niemals würde ich nicht sagen. Nicht niemals.»

Fran war in Richtung Garten weggelaufen, war dann aber in den steinernen Korridor zurückgekehrt, wo sie Halt machte, um sich in einem hohen, matten Spiegel zu betrachten. Ein blaues Gefäß mit einem Deckel stand auf einem niedrigen Tisch; sie hob den Deckel an und sah eine Menge getrockneter Rosenblüten. Der Deckel fiel ziemlich hart wieder herunter und eierte auf dem Gefäß, als ob er gleich hinunterfallen würde. «Kinder sind unfreundlich zu Häusern», hörte sie die wandernde Stimme der Frau, die ihre Eltern von einem Raum zum anderen führte. Fran machte eine ungezogene Grimasse in Richtung Gefäß. Sie bog um eine Ecke des Korridors und sah die Treppe, die sich in einem Bogen in die Höhe schwang. Auf dem Treppenabsatz schien jemand zu stehen, aber als sie nachsah, schien doch niemand da zu sein. «Oh ja», hörte sie die Stimme der Frau», «oh ja, ich nehme es an. Wunderbar für Kinder. Die alten Kinderzimmer müssten sehr angemessen sein. Wir gehen nie nach oben.»

«Wenn es hier Kinderzimmer gibt», sagte Frans Vater, «muss es hier einmal Kinder gegeben haben.»

"I suppose so. Once. It's not a thing we ever think about."

"But if it has always been in your family it must have been inherited by children?"

"Oh cousins. Generally cousins inherited. Quite strange how children have not been actually born here." Fran, who was sitting outside on the steps now in front of the open door, heard the little group clatter off along the stone pavement to the kitchens and thought, "Why are they going on about children so?"

She thought, "When they come back I'll go with them. I'll ask to see that painted man down the passage. I'd rather be with Mum to see him close."

Silence had fallen. The house behind her was still, the garden in front of her stiller. It was the moment in an English early summer afternoon when there is a pause for sleep. Even the birds stop singing. Tired by their almost non-stop territorial squawks and cheeps and trills since dawn, they declare a truce and sit still upon branches, stand with heads cocked listening, scamper now and then in the bushes across dead leaves. When Fran listened very hard she thought she could just hear the swish of the road, or perhaps the sea. The smell of the early roses was very strong. Somewhere upstairs a window was opened and a light voice came and went as people moved from room to room. "Must have gone up the back stairs," Fran thought and leaned her head against the fluted column of the portico. It was strange. She felt she knew what the house looked like upstairs. Had she been upstairs yet or was she still thinking of going? Going. Going to sleep. Silly.

«Ich nehme an. Irgendwann einmal. Es ist etwas, worüber wir nie nachdenken.»

«Aber wenn es immer in Ihrer Familie war, muss es von Kindern geerbt worden sein.»

«Oh, Kusinen. In der Regel erbten Kusinen. Sehr seltsam, dass hier tatsächlich niemals Kinder geboren wurden.» Fran, die inzwischen draußen auf der Treppe vor der geöffneten Tür saß, hörte, wie die kleine Gruppe über den Steinfußboden zu den Wirtschaftsräumen wegtrappelte und dachte: «Warum unterhalten sie sich dauernd über Kinder?»

Sie dachte: «Wenn sie zurück kommen, gehe ich mit ihnen. Ich werde sie bitten, dass ich den gemalten Mann unten im Korridor anschauen darf. Ich möchte ihn mir lieber mit Mami von Nahem ansehen.»

Es war still geworden. Das Haus hinter ihr war ruhig, der Garten vor ihr noch ruhiger. Es war der Augenblick eines englischen Sommernachmittags, wenn es eine Pause für ein Nickerchen gibt. Sogar die Vögel hören auf zu singen. Müde von ihrem nahezu ununterbrochenen Zwitschern und Piepsen und Trillern seit dem Morgengrauen erklären sie einen Waffenstillstand und sitzen still auf ihren Zweigen, stehen lauschend mit schief gehaltenen Köpfen da, trippeln ab und zu unter den Büschen über tote Blätter. Fran glaubte, wenn sie angestrengt lauschte, das Rauschen der Straße, oder vielleicht des Meeres zu hören. Der Duft der Frührosen war sehr stark. Irgendwo oben wurde ein Fenster geöffnet, und eine leise Stimme kam und ging, als sich die Leute von Raum zu Raum begaben. «Sie müssen über die hintere Treppe nach oben gegangen sein», dachte Fran und lehnte ihren Kopf gegen die gerillte Säule des Portikus. Es war seltsam. Sie hatte das Gefühl, dass sie wusste, wie es oben im Haus aussah. War sie schon oben gewesen, oder wollte sie erst noch hinauf gehen? Hinauf gehen. Schlafen gehen. Blödsinnig.

She jumped up and said, "You can't catch me. Bang, bang – you're dead."

She didn't know what she meant by it so she said it again out loud. "Bang, bang. You're dead."

She looked at the garden, all the way round from her left to her right. Nothing stirred. Not from the point where a high wall stood with a flint arch in it, not on the circular terrace with the round pond, not in the circle of green with the round gap in it where the courtyard opened to the long drive, and where their car was standing. The car made her feel safe.

Slowly round went her look, right across to where the stone urns on the right showed a mossy path behind them. Along the path, out of the shadow of the house, the sun was blazing and you could see bright flowers.

Fran walked to the other side of the round pond and looked up at the house from the courtyard and saw the portrait again, looking at her. It must be hanging in a very narrow passage, she thought, to be so near to the glass. The man was in some sort of uniform. You could see gold on his shoulders and lace on his cuffs. You could see long curls falling over his shoulders. Fancy soldiers with long curls hanging over their uniform! Think of the dandruff.

"Olden days," said Fran. "Bang, bang, you're dead," and she set off at a run between the stone urns and into the flower garden. "I'll run right round the house," she thought. "I'll run like mad. Then I'll say I've been all round the garden by myself, and not seen the ghost."

She ran like the wind all round, leaping the flowerbeds, tearing along a showering rose-border,

Sie sprang auf und sagte: «Du kannst mich nicht fangen. Peng, peng – du bist tot.»

Sie wusste nicht, was sie damit meinte, deshalb rief sie es noch einmal: «Peng, peng – du bist tot.»

Sie betrachtete den Garten rundherum, von links nach rechts. Nichts bewegte sich. Nicht an der Stelle, wo eine hohe Mauer stand, die einen Feuerstein-Bogen hatte, nicht auf der kreisförmigen Terrasse mit dem runden Teich, nicht in dem grünen Kreis mit der runden Lücke, wo der Hof sich zu der langen Ausfahrt hin öffnete und wo ihr Auto stand. Das Auto gab ihr ein Gefühl von Sicherheit.

Langsam wandte sie den Blick hinüber, genau dorthin, wo die steinernen Urnen auf der rechten Seite die Aussicht auf einen moosbewachsenen Pfad dahinter frei gaben. Den Pfad entlang, außerhalb des Hausschattens, brannte die Sonne, und man konnte leuchtende Blumen sehen.

Fran lief zur anderen Seite des runden Teichs und schaute vom Hof aus am Haus hoch. Wieder sah sie das Porträt, das sie anblickte. Es muss in einem sehr schmalen Korridor hängen, dachte sie, damit es so nah am Fenster sein kann. Der Mann steckte in einer Art Uniform. Man konnte etwas Goldenes auf seinen Schultern erkennen und Spitzenborten an seinen Manschetten. Man sah lange Locken über seine Schultern fallen. Man stelle sich vor: Soldaten mit langen Locken, die ihnen über die Uniform hängen! Wenn man nur an die Schuppen denkt.

«Frühere Zeiten», sagte Fran. «Peng, peng, du bist tot», und sie rannte los, an den steinernen Urnen vorbei hinein in den Blumengarten. «Ich werde rund um das Haus herum rennen», dachte sie. «Ich renne wie verrückt. Dann werde ich sagen können, dass ich alleine überall im Garten gewesen bin und das Gespenst nicht gesehen habe.»

Sie rannte wie der Wind überall herum, sprang über die Blumenbeete, flitzte an herabhängenden Rosenhecken vor-

here and there, up and down, flying through another door in a stone wall among greenhouses and sheds and old stables, out again past a rose-red dove-house with the doves like fat pearls set in some of the little holes, and others stepping about the grass. Non-stop, non-stop she ran, across the lawn, right turn through a yew hedge, through the flint arch at last and back to the courtyard. "Oh yes," she would say to her friends on their bikes. "I did. I've been there. I've been all round the garden by myself and I didn't see a living soul."

"A *living* soul."

"I didn't see any ghost. Never even thought of one."

"You're brave; Fran. I'd never be brave like that. Are your parents going to buy the house?"

"Don't suppose so: It's very boring. They've never had any children in it. Like an old-folks home. Not even haunted."

Picking a draggle of purple wisteria off the courtyard wall – and pulling rather a big trail of it down as she did so – Fran began to do the next brave thing: to *walk* round the house. Slowly. She pulled a few petals off the wisteria and gave a carefree sort of wave at the portrait in the window. In front of it, looking out of the window, stood a little girl.

Then she was gone.

For less than a flick of a second Fran went cold round the back of the neck. Then hot.

Then she realised she must be going loopy. The girl hadn't been in a pinafore and frilly dress and long loose hair. She'd been in a white tee-shirt like Fran's own. She had been Fran's own reflection for a moment in the glass of the portrait.

bei, hin und her, hinauf und hinunter, sauste durch einen anderen Durchlass der Steinmauer zwischen Gewächshäusern, Schuppen und alten Stallungen hindurch, wieder hinaus, vorbei an einem rosafarbenen Taubenschlag mit Tauben, die wie dicke Perlen in einigen der kleinen Löchern saßen oder über das Gras stolzierten. Sie rannte ohne anzuhalten über den Rasen, bog nach rechts durch eine Eibenhecke, zu guter Letzt durch den Feuersteinbogen und zurück zum Hof. « Oh ja », würde sie zu ihren Freunden mit den Fahrrädern sagen. « Ich hab's gemacht. Ich bin dort gewesen. Ich war ganz alleine überall im Garten und habe keine Menschenseele gesehen. »

« Keine *Menschen*seele. »

« Ich habe kein Gespenst gesehen. Ich habe noch nicht einmal an eines gedacht. »

« Du bist mutig, Fran. Ich wäre nie so mutig gewesen. Werden deine Eltern das Haus kaufen? »

« Ich glaube nicht. Es ist sehr langweilig. Es hat dort nie Kinder gegeben. Wie ein Altenheim. Es spukt noch nicht einmal. »

Fran pflückte einen Zweig der lilafarbenen Glyzinie von der Hofmauer – und rupfte dabei einen ziemlich großen Ast mit ab – und beging die nächste mutige Tat: sie *ging* um das Haus herum. Langsam. Sie pflückte ein paar Blütenblätter von der Glyzinie und winkte dem Porträt im Fenster unbekümmert zu. Vor dem Bild stand ein kleines Mädchen und schaute aus dem Fenster.

Dann war es weg.

Für einen klitzekleinen Augenblick lief es Fran heiß und kalt den Rücken hinunter.

Dann stellte sie fest, dass sie anfing zu spinnen. Das Mädchen hatte keine Schürze, kein Rüschenkleid und kein langes, offenes Haar getragen. Sie hatte ein weißes T-Shirt angehabt, genau wie Fran. Es war für einen Augenblick Frans eigenes Spiegelbild im Glas des Porträts gewesen.

"Stupid. Loopy," said Fran, picking off petals and scattering them down the mossy path, then along the rosy flag-stones of the rose garden. Her heart was beating very hard. It was almost pleasant, the fright and then the relief coming so close together.

"Well, I thought I saw the ghost but it was only myself reflected in a window," she'd say to the friends in the road at home.

"Oh Fran, you are brave."

"How d'you know it was you? Did you see its face? Everyone wears tee-shirts."

"Oh, I expect it was me all right. They said there'd never been any children in the house."

"What a cruddy house. I'll bet it's not true. I'll bet there's a girl they're keeping in there somewhere. Behind those bars. I bet she's being imprisoned. I bet they're kidnappers."

"They wouldn't be showing people over the house and trying to sell it if they were kidnappers. Not while the kidnapping was actually going on, anyway. No, you can tell – " Fran was explaining away, pulling off the petals. "There wasn't anyone there but me." She looked up at the windows in the stable-block she was passing. They were partly covered with creeper, but one of them stood open and a girl in a tee-shirt was sitting in it, watching Fran.

This time she didn't vanish. Her shiny short hair and white shirt shone out clear. Across her humped-up knees lay a comic. She was very much the present day.

"It's you again," she said.

She was so ordinary that Fran's heart did not begin to thump at all. She thought, "It must

«Dumm, bescheuert», sagte Fran, während sie Blüte um Blüte abzupfte und auf den moosbedeckten Pfad und dann auf die rosafarbenen Steinplatten des Rosengartens streute. Ihr Herz schlug sehr laut. Es war beinahe angenehm, wie der Schreck und die Erleichterung so schnell aufeinander folgten.

«Also, ich dachte ich hätte das Gespenst gesehen, aber es war nur ich selbst, die sich im Fenster gespiegelt hat», würde sie zu ihren Freunden in der Straße zu Hause sagen.

«Oh Fran, du bist mutig.»

«Wie konntest du wissen, dass du es warst? Hast du sein Gesicht gesehen? Jeder trägt T-Shirts.»

«Oh, ich bin mir sicher, dass ich es war. Sie sagten, es habe niemals Kinder in dem Haus gegeben.»

«Was für ein bescheuertes Haus. Ich wette, es stimmt nicht. Ich wette, dass es ein Mädchen gibt, das sie dort irgendwo festhalten. Hinter diesen Gittern. Ich wette, sie ist gefangen. Ich wette, es sind Kidnapper.»

«Sie würden doch keine Leute durch das Haus führen und versuchen, es zu verkaufen, wenn sie Kidnapper wären. Zumindest nicht, solange die Geiselnahme andauert. Nein, man kann sicher sein...» Fran fand einleuchtende Erklärungen für alles, während sie die Blütenblätter abpflückte. «Es war niemand dort außer mir.» Sie schaute an den Fenstern des Stallgebäudes hoch, an dem sie vorbei lief. Sie waren zum Teil von Kletterpflanzen bedeckt, aber eines von ihnen stand offen und ein Mädchen in einem T-Shirt saß darin. Sie beobachtete Fran.

Dieses Mal verschwand sie nicht. Ihr glänzendes kurzes Haar und ihr weißes Hemd waren deutlich zu erkennen. Auf ihren angezogenen Knien lag ein Comic. Sie gehörte ganz zur Gegenwart.

«Da bist du wieder», sagte sie.

Sie war so normal, dass Frans Herz kein bisschen zu klopfen anfing. Sie dachte «Es muss die Tochter des Gärt-

be the gardener's daughter. They must live over the stables and she's just been in the house. I'll bet she wasn't meant to. That's why she ducked away."

"I saw you in the house," Fran said. "I thought you were a reflection of me."

"Reflection?"

"In the picture."

The girl looked disdainful. "When you've been in the house as long as I have," she said, "let's hope you'll know a bit more. Oil paintings don't give off reflections. They're not covered in glass."

"We won't be keeping the oil paintings," said Fran grandly. "I'm not interested in things like that."

"I wasn't at first," said the girl. "D'you want to come up? You can climb over the creeper if you like. It's cool up here."

"No thanks: We'll have to go soon. They'll wonder where I am when they see I'm not waiting by the car."

"Car?" said the girl. "Did you come in a car?"

"Of course we came in a car." She felt furious suddenly. The girl was looking at her oddly, maybe as if she wasn't rich enough to have a car. Just because she lived at The Elms. And she was only the gardener's daughter anyway. Who did she think she was?

"Well take care on the turn-out to the road then. It's a dangerous curve. It's much to hot to go driving today."

"I'm not hot," said Fran.

"You ought to be," said the girl in the tee-shirt, "with all that hair and those awful black stockings."

ners sein. Sie wohnen wahrscheinlich über den Stallungen, und sie ist gerade im Haus gewesen. Bestimmt darf sie das nicht. Darum hat sie sich aus dem Staub gemacht.

«Ich hab dich im Haus gesehn», sagte Fran. «Ich dachte, du wärst mein Spiegelbild.»

«Dein Spiegelbild?»

«In dem Gemälde.»

Das Mädchen schaute verächtlich. «Wenn du so lange im Haus gelebt hast wie ich», sagte sie, «dann wirst du hoffentlich besser Bescheid wissen. In Ölgemälden kann man sich nicht spiegeln. Sie hängen nicht hinter Glas.»

«Wir werden die Ölgemälde nicht behalten», sagte Fran würdevoll. «Ich interessiere mich nicht für sowas.»

«Hab ich auch erst nicht», sagte das Mädchen. «Möchtest du hochkommen? Du kannst über die Kletterpflanzen herauf steigen. Es ist kühl hier oben.»

«Nein danke. Wir werden bald aufbrechen. Sie werden sich fragen, wo ich bin, wenn sie merken, dass ich nicht am Auto warte.»

«Auto?» sagte das Mädchen. «Ihr seid mit dem Auto gekommen?»

«Natürlich sind wir mit dem Auto gekommen.» Sie wurde plötzlich wütend. Das Mädchen betrachtete sie auf seltsame Weise, vielleicht, als ob sie nicht reich genug wären, sich ein Auto zu leisten. Und das nur, weil sie in *The Elms* wohnte. Dabei war sie doch nur die Tochter des Gärtners. Wer glaubte sie zu sein?

«Dann passt bei der Zufahrt zur Straße auf. Es ist eine gefährliche Kurve. Es ist viel zu heiß, um heute mit dem Auto zu fahren.»

«Mir ist nicht heiß», sagte Fran.

«Das müsste es dir aber sein», sagte das Mädchen im T-Shirt. «Mit deinem Haar und diesen schrecklichen schwarzen Strümpfen.»

Shena Mackay: Dreams of Dead Women's Handbags

It was a black evening bag sequined with salt, open-mouthed under a rusted marcasite clasp, revealing a black moiré silk lining stained by sea water; a relic stranded in the wrack of tarry pebbles and tufts of blue and orange nylon string like garish sea anemones, crab shells and lobster legs, plastic detritus, oily feathers, condoms and rubbery weed and clouded glass, the dry white sponges of whelk egg cases, and a brittle black-horned mermaid's purse. This image, the wreckage of a dream beached on the morning, would not float away; as empty as an open shell, the black bivalve emitted a silent howl of despair; clouds passed through its mirror.

Susan Vigo was much possessed by death. Sitting on a slow train to the coast, at a table in the compartment adjacent to the buffet car, she thought about her recurring dream and about a means of murder. A book and a newspaper lay in front of her, and as she inserted the word "limpid" in the crossword, completing the puzzle, she saw aquamarine water in a rock pool wavering limpidly over a conical white limpet shell. Her own id was rather limp that morning, she felt; the gold top of her pen tasted briny in her mouth. The colour of the water was the precise clear almost-green of spring evening skies when the city trembled with the possibility of love. She wondered dispassionately if she would ever encounter such a sky again, and as she wondered, she saw a

Shena Mackay: Handtaschenträume

Es handelte sich um eine schwarze salzverkrustete Abendtasche, die, wenn sie ihr Maul unter einem verrosteten Markasitbügel aufklappte, ein schwarzes Moiréseidenfutter mit Salzwasserflecken enthüllte. Eine Reliquie, die im Seetang gestrandet war, zwischen teerverschmierten Kieseln und blauen und orangefarbenen Nylonknäueln, die wie grelle Seeanemonen aussahen; zwischen Krabbenpanzern und Hummerbeinen, Plastikabfällen, öligen Federn, Kondomen, gummiartigem Unkraut und trübem Glas, den trockenen weißen schwammartigen Eierkapseln von Wellhornschnecken und einer brüchigen Nixenbörse aus schwarzem Horn. Dieses Bild, die am Morgen auf Grund gestoßenen Trümmer eines Traums, wollte nicht verschwinden. So leer wie eine offene Muschel entließ die schwarze Auster ein stilles Geheul der Verzweiflung; in ihr spiegelten sich vorüberziehende Wolken.

Susan Vigo war vom Tod besessen. Während sie in einem Bummelzug zur Küste saß, an einem Tisch im Abteil neben dem Speisewagen, dachte sie an ihren wiederkehrenden Traum und an ein Mordinstrument. Ein Buch und eine Zeitung lagen vor ihr, und als sie das Wort «durchsichtig» in das Kreuzworträtsel einfügte, womit das Rätsel gelöst war, sah sie, wie sich meerblaues Wasser durchsichtig in einem Felsbecken über einer kegelförmigen weißen Napfschneckenmuschel kräuselte. Ihr eigenes Es fühlte sich heute morgen ziemlich schlapp an; die goldene Kappe ihres Füllers schmeckte salzig in ihrem Mund. Die Farbe des Wassers entsprach genau dem klaren Beinahe-Grün eines Frühlingsabendhimmels, wenn die Stadt mit der Möglichkeit von Liebe ins Zittern gerät. Sie fragte sich leidenschaftslos, ob sie jemals wieder einen solchen Himmel erleben würde, und

handbag half submerged on the bottom of the pool among the wavering weeds, green and encrusted with limpets, as though it had lain there for a long time; releasing gentle strings of bubbles like dreams and memories. A mermaid's purse, she remembered her father teaching her, as she made her way to the buffet, was the horny egg case of a skate, or ray or shark, but to whom the desolate handbag in her dreams had belonged, she had no idea, only that its owner was dead.

The buffet car steward seemed familiar, but perhaps the painful red eyes were uniform issue, along with the shiny jacket spattered by toasted sandwiches; his hair had been combed back with bacon grease and fell in curly rashers on his collar; his red tie was as slick as a dying poppy's petal. As Susan waited in the queue she told herself that he could have no possible significance in her life, and reminded herself that she made many journeys and had probably encountered him before, leering over the Formica counter of another train. Nevertheless she watched him, it was her habit to stare at people, with an uneasy notion that he was Charon ferrying her across the Styx – but Charon would not be the barman, but the driver of this Inter-City train, sitting at the controls in his cab, racing them down the rails to the Elysian fields, and she was almost certain that she and her fellow passengers were still alive and their coins were for the purchase of refreshments and not the fees of the dead. The barman's years of bracing himself on the swaying floors of articulated metal snakes had given him the measure of his customers. The woman in the simulated beige mink, in front of Susan in

während sie darüber nachdachte, sah sie eine Handtasche halb untergetaucht auf dem Grund des Beckens zwischen zitterndem Tang, grün und überkrustet mit Napfschnekken, so als ob sie dort seit langem lag und feine Blasenketten freiließ wie Träume und Erinnerungen. Eine Nixenbörse, erinnerte sie sich an die Erklärung ihres Vaters, während sie in den Speisewagen ging, war die hornige Eierkapsel eines Rochens oder Haifisches. Aber wem die einsame Handtasche ihrer Träume gehört hatte, ahnte sie nicht; nur, dass ihre Besitzerin tot war.

Der Speisewagen-Ober kam ihr bekannt vor, aber vielleicht gehörten die schmerzenden roten Augen zur Uniform, genau wie die glänzende Jacke, die mit Krümeln von getoasteten Sandwiches übersät war. Sein Haar war mit Pomade zurückgekämmt und fiel in lockigen Strähnen auf seinen Kragen. Seine rote Krawatte war so schick wie das Blütenblatt einer welken Mohnblume. Während Susan in der Schlange wartete, sagte sie sich, dass ihm keinerlei Bedeutung in ihrem Leben zukam, und machte sich klar, dass sie viele Reisen unternahm und ihm wahrscheinlich schon einmal begegnet war, als er sie in einem anderen Zug über die Plastiktheke hinweg angeschielt hatte. Trotzdem betrachtete sie ihn – es war eine Angewohnheit von ihr, Leute anzustarren – mit dem unbehaglichen Gefühl, dass es sich bei ihm um Charon handelte, der sie über den Styx beförderte. Aber dann wäre Charon nicht der Ober, sondern der Lokomotivführer dieses Intercity, der am Steuerpult in seiner Kabine saß und sie allesamt auf den Schienen hinunter zu den Elysischen Feldern rasen ließ. Außerdem war sie sich ziemlich sicher, dass sie und ihre Mitreisenden noch immer lebten, und dass ihre Münzen für den Erwerb von Erfrischungen bestimmt waren und nicht den Totenpfennig darstellten. Die Jahre, während derer der Ober im schaukelnden Boden der metallischen Gliederschlangen verankert gewesen war, hatten ihm ein Maß

the queue, asked for two gins and tonics, one for an imaginary friend down the corridor, and was given two little green bottles, two cans of tonic, and one plastic cup with a contemptuous fistful of icecubes. Her eyes met the barman's and she did not demur. One of his eyes closed like a snake's in a wink at Susan as the woman fumbled her purchases from the counter. "It takes one to know one," thought Susan refusing to be drawn into complicity by the reptilian lid of his red eye as she ordered her coffee. Her face in the mirror behind the bar, her shirt, her scarf, her brooch, the cut of her jacket spoke as quietly of success as the fur-coated woman's screeched failure.

Failure. That was a word Susan Vigo hated. She saw it as a sickly plant with etiolated leaves, flourishing in dank unpleasant places, a parasite on a rotting trunk, or a pot plant on the window-sills of houses of people she despised. If she had cared to, she could have supplied a net curtain on a string as a backcloth and a plaster Alsatian, but she had a horror of rotting window frames and rented rooms, and banished the image. Susan Vigo was not the sort of woman who would order two gins for herself on a train. She was not, like some she could name, the sort of writer who would arrive to give a reading with a winesplashed book and grains of cat litter in her trouser turn-ups, having fortified herself with spirits on the journey for the ordeal, who would enter in disarray and stumble into disrepute. The books in her overnight bag were glossy and immaculate with clean white strips of

für seine Kunden gegeben. Die Frau in dem falschen beigefarbenen Nerz vor Susan in der Schlange fragte nach zwei Gin-Tonics, einen für einen imaginären Freund hinten im Gang, und erhielt zwei kleine grüne Flaschen, zwei Dosen Tonic und einen Plastikbecher mit einer verächtlichen Handvoll Eiswürfel. Ihre Augen trafen die des Obers, aber sie erhob keinen Einwand. Eines seiner Augen schloss sich zwinkernd wie das einer Schlange zu Susan hin, als die Frau nach ihrer Börse auf dem Tresen griff. «Tu nicht so», dachte Susan, die sich aber weigerte, von dem Reptilienlid des roten Auges zur Komplizenschaft bewogen zu werden, als sie ihren Kaffee bestellte. Ihr Gesicht im Spiegel hinter der Bar, ihre Bluse, ihr Schal, ihre Brosche, der Schnitt ihrer Jacke sprachen so leise vom Erfolg, wie das der Frau im Pelzmantel «gescheitert» schrie.

Scheitern. Susan Vigo hasste dieses Wort. Es erschien ihr wie eine kranke Pflanze mit gelben Blättern, die an klammen ungemütlichen Orten wuchs, ein Parasit auf einem vermodernden Baumstamm oder eine Topfpflanze auf den Fensterbänken der Häuser von Leuten, die sie verachtete. Wenn sie gewollt hätte, hätte sie eine Netzgardine mit Kordeldurchzug als Hintergrund und einen Schäferhund aus Gips besorgen können, aber ihr graute vor verrottenden Fensterrahmen und gemieteten Zimmern, und sie vertrieb das Bild aus ihrem Kopf. Susan Vigo war nicht der Typ Frau, die sich selbst zwei Gläser Gin in einem Zug bestellen würde. Sie gehört auch nicht wie andere, die sie hätte nennen können, zu dem Typ Schriftstellerin, die zu Lesungen mit einem weinbefleckten Buch und Katzenstreukörnchen in den Hosenaufschlägen erschien, nachdem sie sich für die Tortur auf der Reise mit Spirituosen gestärkt hatte, aufgelöst eintrat und in eine Blamage stolperte. Die Bücher in ihrer Reisetasche waren blank und makellos mit sauberen Papierstreifen, die dort eingelegt waren, wo sie eine

paper placed between the pages, to mark the passages which she would read. She did not regard it as an ordeal; she had memorized her introductory speech, and was looking forward to the evening. She had done her homework, and would have been able to relax with a book by another author had consciousness of the delivery date of her own next crime novel not threatened like a migraine at the edge of her brain. The irony was that the title of her book was *Deadline* and for the first time in her life, she feared that she would not meet hers. Notice of it had appeared already in her publisher's catalogue and she had not even got the plot. It was set on the coast, she knew that; it involved a writer – yes, and horned poppy and sea holly and viper's bugloss, stranded sea-mice leaking rainbows into the sand, and of course her Detective Inspector Christopher Hartshorn, an investigator of the intellectual, laconic school; a body – naturally; a handbag washed up on the beach – the sort of handbag that had foxtrotted to Harry Roy, or a flaunting scarlet patent number blatant as a stiletto heel, a steel-faceted purse, a gondola basket holding a copy of *Mirabelle* or *Roxy* – she didn't even know in which period to set her murder – a drawstring leather bag which smelled of raw camel hide, a satchel with a wooden pencil box, a strap purse, containing a threepenny bit, worn across the front of a gymslip – old handbags like discarded lovers. She sifted desperately through the heap of silk and plastic, leather and wicker – it had to be black, like the handbag in her dream...

*

Passage vorlesen würde. Sie betrachtete das nicht als Tortur; sie hatte ihre einführenden Worte auswendig gelernt und freute sich auf den Abend. Sie hatte ihre Hausaufgaben gemacht und wäre imstande gewesen, sich mit dem Buch eines anderen Autors zu entspannen, hätte ihr nicht das Wissen um den Abgabetermin ihres nächsten Kriminalromans so zugesetzt wie ein Migräneanfall ihrer Schädeldecke. Die Ironie lag darin, dass der Titel ihres Buches *Der Stichtag* lautete und sie zum ersten Mal im Leben befürchtete, den ihren nicht einhalten zu können. Eine Ankündigung dafür war bereits im Katalog ihres Verlags erschienen, und sie hatte noch nicht einmal die Handlung beisammen. Die Geschichte spielte an der Küste, das wusste sie; ein Schriftsteller war beteiligt – ja, und außerdem Gelber Hornmohn, Stranddisteln, Blauer Heinrich und gestrandete Seemäuse, aus denen Regenbögen in den Sand sickerten. Und natürlich ihr Kriminalkommissar Christopher Hartshorn, ein Detektiv der intellektuellen, lakonischen Schule. Eine Leiche – selbstverständlich. Eine an den Strand gespülte Handtasche – eine Art Handtasche, die zu Harry Roy Foxtrott getanzt hatte, oder ein protziges scharlachrotes Lackexemplar, so aufdringlich wie ein Stöckelschuh; eine paillettenbestickte Geldbörse, ein gondelförmiger Korb, in dem eine Ausgabe von *Mirabelle* oder *Roxy* lag – sie wusste noch nicht einmal, in welcher Zeit sie ihren Mord ansetzen sollte – ein Lederbeutel mit Kordel, der nach ungegerbtem Kamelfell roch, ein Schulranzen mit einem hölzernen Federmäppchen, eine Gürteltasche, die ein Dreipennystück enthielt, über einem Schürzenkleid zu tragen – alte Handtaschen wie abgelegte Liebhaber. Sie durchsiebte verzweifelt den Haufen von Seide und Plastik, Leder und Flechtwerk – es sollte schwarz werden wie die Handtasche in ihrem Traum…

*

Susan lived in Hampstead, on a staple diet of vodka and asparagus, fresh in season, or tinned. It made life simple; she never had to think about what food to buy except when she had guests, which was not very often; she was more entertained than entertaining. She loved her flat and lived there alone. She had once been given two love-birds but had grown jealous of their absorption in each other and had given them away. Trailing plants now entwined the bars of the cage where the pink and yellow birds had preened, kissing each other with waxy bills; she preferred their green indifference. There was not a trace of a plaster Alsatian. The man who had seduced her had introduced her to asparagus, its tender green heads swimming in butter, with baked beans – her choice. Professor Bruno Rosenblum, lecturer in poetry who although his juxtaposed names conjured up withered roses on their stems, had once strewn the bed with roses while she slept. Waking in the scent and petals, she had wept. "'Ah, as the heart grows older, it will come to such sights colder,'" she thought now, in the train, remembering, as the past, like the dried petals of pot-pourri, exhaled a slight sad scent, and "Perhaps G.M. Hopkins got it right – it is always ourselves for whom we are grieving – enough of this" she turned from the dirty window slashed with rain that obscured the flat landscape and the dun animals in the shabby February fields, to her book. She wondered if she could, perhaps, take its central situation or *donnée,* and by changing it subtly, and substituting her own characters, manufacture a convincingly original work...

Susan lebte in Hampstead und ernährte sich hauptsächlich von Wodka und Spargel, frischem in der Saison, sonst welchem aus der Dose. Es machte das Leben einfach: nie musste sie nachdenken, welche Lebensmittel einzukaufen waren, außer wenn sie Besuch bekam, was nicht oft geschah – sie wurde häufiger eingeladen, als dass sie selbst die Gastgeberin war. Sie liebte ihre Wohnung, in der sie allein lebte. Einmal hatte man ihr zwei Turteltauben geschenkt, aber sie war auf die Selbstversunkenheit der beiden eifersüchtig geworden und hatte sie weggegeben. Kletterpflanzen umschlangen nun die Gitterstäbe des Käfigs, in dem die rosaroten und gelben Vögel sich geputzt und einander mit wächsernen Schnäbeln geküsst hatten; ihr war die grüne Gleichgültigkeit lieber. Es gab keine Spur von einem Schäferhund aus Gips. Der Mann, der sie verführt hatte, hatte ihr Spargel nahegebracht; dessen zarte, in Butter schwimmenden grünen Köpfe, mit Baked Beans: ihre Vorliebe. Professor Bruno Rosenblum, Lyrikdozent, hatte einmal, obwohl seine nebeneinander gestellten Namen Stengel mit verwelkten Rosen herbei zauberten, das Bett mit Rosen bestreut, während sie schlief. Als sie inmitten von Duft und Blüten aufgewacht war, hatte sie geweint. «‹Ah, wird das Herz älter, sieht es solche Dinge kälter›», dachte sie jetzt, im Zug, während die Vergangenheit, wie die vertrockneten Blütenblätter eines Potpourris, einen etwas traurigen Duft ausströmte. «Vielleicht hatte G. M. Hopkins Recht: wir trauern immer um uns selber... doch genug davon». Sie wandte sich von dem schmutzigen Fenster ab, an das der Regen prasselte, der die flache Landschaft und die graubraunen Tiere auf den schäbigen Februarfeldern in Düsternis hüllte, und ihrem Buch zu. Susan fragte sich, ob sie vielleicht dessen zentrale Szene oder Hauptmotiv würde verwenden können, um daraus, indem sie es auf raffinierte Weise veränderte und ihre eigenen Figuren einsetzte, ein überzeugend originelles Werk herzustellen...

"'If you want to know about a woman, look in her purse."' The detective dumped the clues to the dead dame's life into a plastic bag and consigned it to Forensic. Susan's own handbag, if studied, would have told of an orderly life and mind, or of an owner who had dumped all her old make-up in the bin and dashed into an expensive chemist's on the way to the station: no sleazy clutter there, no circle of foam rubber tinged with grimy powder, no sweating stubs of lipstick and broken biros leaking into the lining, or tobacco shreds or dog-eared appointment cards for special clinics or combs with dirty teeth or minicab cards acquired on flights through dawn streets from unspeakable crises. Susan could see as clearly in her mind the contents of the handbag of the woman who had bought the two gins as she could see her black stilettos resting on the next seat, and the fall of fake fur caressing her calf. She saw her lean forward and open a compact the dark blue of a mussel shell, and peer into a mirror, and her imagination supplied a crack zigzagging across the glass, presaging doom. The man directly opposite Susan was reading a report and was of as little interest as he had been at the start of the journey; on the other side of the aisle a family, parents and two children, finished their enormous lunch and settled down to a game of three-dimensional noughts and crosses, which involved plastic tubes and marbles, clack clack clack. The marbles bounced off Susan's brain like bullets. "Why can't they just use pencil and paper?" she thought irritably: the extra dimensions

«‹Will man etwas über eine Frau erfahren, muss man in ihre Handtasche schauen.›» Der Kriminalbeamte steckte die Anhaltspunkte zum Leben der toten Dame in eine Plastiktüte und übergab sie an die Gerichtsmediziner. Susans eigene Handtasche hätte bei einer Begutachtung von einem ordentlichen Leben und Verstand erzählt, oder von einer Inhaberin, die sämtliche alten Schminkutensilien in den Müll geworfen hatte und auf dem Weg zum Bahnhof schnell bei einer teuren Drogerie vorbei gegangen war. Es fanden sich weder schäbiger Wirrwarr, noch ein von dunklem Puder verfärbtes Schaumgummiläppchen, weder schweißige Lippenstiftstummel noch zerbrochene Kugelschreiber, die in das Futter ausliefen. Weder Tabakkrümel noch verknickte Terminkärtchen von Spezialkliniken; weder Kämme mit schmutzigen Zähnen noch Taxizettel, die auf der Flucht vor entsetzlichen Krisen durch morgendämmrige Straßen erworben worden waren. Im Geiste hatte Susan den Inhalt der Handtasche der Frau, die die zwei Gin gekauft hatte, so klar vor Augen wie deren schwarze Stöckelschuhe, die auf dem Nachbarsitz ruhten, und wie den Fall des falschen Pelzes, der ihre Wade umschmiegte. Sie sah, wie sie sich nach vorn beugte, eine Kompaktpuderdose, so dunkelblau wie eine Miesmuschel, öffnete, und in einen Spiegel blickte. Ihre Vorstellungskraft ergänzte einen Sprung, der im Zickzack über den Spiegel verlief, einen Unheilsverkünder. Der Mann gegenüber Susan las einen Bericht und war so uninteressant wie zu Beginn der Reise. Auf der anderen Seite des Gangs hatte eine Familie, Eltern und zwei Kinder, ihr gewaltiges Mittagessen beendet und begann ein dreidimensionales «Käsekästchen»-Spiel, zu dem Plastikröhrchen und Murmeln gehörten, klack, klack, klack. Die Murmeln trafen wie Gewehrkugeln in Susans Gedanken. «Warum nehmen sie nicht einfach Papier und Bleistift?» dachte sie gereizt: die zusätzliche

added nothing but cost and noise to the game. She put her hands over her ears, and, resting her book on the table, tried to read, but her concentration was shot to pieces. She closed her eyes, and the handbag in her dream returned like a black shell, which if held to the ear would whisper her own mortality.

There was this handbag washed up on the beach – what next? She waited for a whole narrative to unwind and a cast of characters to come trooping out, but nothing happened. There was this crime writer travelling on a train, panicking about a deadline when suddenly… a single shot passed through the buffet car attendant's head, shattering the glass behind him… Susan's fascination with firearms dated from a white double holster studded with glass jewels and two fancy guns with bluish shining barrels and decorated stocks; she had loved them more than any of her dolls, taking them to bed with her at night, loving the neat round boxes of pink caps. She could smell them now, and the scent of new sandals with crêpe soles like cheese.

Dreams of dead women's handbags: the click of a false tortoise shell clasp, the musty smell of old perfume from the torn black moiré lining, and powder in a shell, lipstick that would look as ghastly on a skull as it did on the mouths of the little white flat fish on the seaside stall, skate smoking cigarettes through painted mouths, the glitter of saliva on a pin impaling whelks. She saw a man and a woman walking on a cliff top starred with

Dimension fügte dem Spiel nichts hinzu als Kosten und Lärm. Sie hielt sich die Ohren zu und versuchte zu lesen, indem sie das Buch auf den Tisch legte, aber ihre Konzentration war in Stücke zerschossen. Sie schloss die Augen, und die Handtasche ihres Traums kehrte zurück wie eine schwarze Muschel, die, wenn man sie sich ans Ohr hielt, von der eigenen Sterblichkeit flüsterte.

Da lag diese an den Strand gespülte Handtasche – was nun? Susan wartete darauf, dass sich eine ganze Geschichte entspinnen, dass ein ganzes Ensemble aus ihr heraus marschieren würde, aber nichts geschah. Dieser Krimiautor war also in einem Zug unterwegs und geriet wegen eines Stichtags in Panik, als plötzlich ... : ein Schuss durchschoss den Kopf des Speisewagen-Obers und zerschmetterte das Glas hinter ihm ... Susans Begeisterung für Feuerwaffen ging auf ein weißes Doppelhalfter zurück, das mit Glasperlen bestickt war, und auf zwei Spielzeugpistolen mit bläulich schimmernden Trommeln und verzierten Schäften; sie hatte sie mehr geliebt als irgendeine ihrer Puppen, hatte sie am Abend mit ins Bett genommen und die hübschen runden Döschen mit rosaroten Zündkapseln bewundert. Sie konnte sie jetzt riechen, und den Duft neuer Sandalen mit Kreppsohlen wie aus Käse.

Träume von Handtaschen toter Frauen: das Klicken von Bügeln aus falschem Schildpatt, der muffige Geruch alten Parfums aus dem zerissenen schwarzen Moiréfutter, Puder in einer Muschel, Lippenstift, der so grässlich auf einem Totenschädel aussehen würde, wie er auf den Mäulern der kleinen weißen platten Fische auf den Verkaufsständen an der Küste aussah. Rochen, die durch aufgemalte Münder Zigaretten rauchten, das Glitzern von Speichel auf einer Nadel, die Wellhornschnecken durchbohrte. Susan sah einen Mann und eine Frau, die oben auf einem Kliff spa-

pink thrift, a seagull's white scalloped tail feathers; the woman wore a dress patterned in poppies and corn and the man had his shirtcollar open over his jacket, in holiday style. A child skipped between them on that salty afternoon when the world was their oyster.

Amberley Hall, where Susan was heading, was a small private literary foundation where students of all ages attended courses and summer schools in music, painting and writing. She had been invited to be the guest reader at one of their creative writing courses, and was looking forward to seeing again the two tutors, both friends, and renewing her acquaintance with Amberley's directors whom she had liked very much when she met them the previous year when she herself had been a cotutor. The house was white and stood on a cliff; reflections of the sea and sky met in its windows. Susan hoped that she would be given the room in which she had slept before, with its faded blue bedspread and shell-framed looking-glass and vase of dried flowers beside the white shells on the windowsill, sea lavender faded by time, like a dead woman's passions and regrets. The clatter of marbles became intolerable. Susan strode towards the buffet car. The train seemed to be going very slowly. She began to worry about the time and wish that she had accepted her hosts' offer to meet her at the station.

"Going all the way?" the barman asked as he sliced a lemon with a thin-bladed knife. The other woman had not been offered lemon.

zierengingen, das mit rosaroten Grasnelken wie sternengeschmückt aussah; weiße, bogenförmig verzierte Schwanzfedern einer Seemöve. Die Frau trug ein mit Mohnblumen und Ähren gemustertes Kleid, und der Mann hatte seinen Hemdkragen über der Jacke im Freizeitstil geöffnet. Ein Kind hüpfte zwischen ihnen umher an diesem salzigen Nachmittag, als ihnen die Welt offen stand.

Amberley Hall, wohin Susan unterwegs war, war eine kleine private Literaturstiftung, an der Studenten jeden Alters Unterricht und Sommerkurse in Musik, Malerei und Literatur belegten. Sie war als Gastvortragende in einen der kreativen Schreibkurse eingeladen worden und freute sich darauf, die beiden Tutoren, Freunde von ihr, wiederzusehen und ihre Bekanntschaft mit den Leitern von Amberley aufzufrischen, die sie sehr mochte, seitdem sie sie im letzten Jahr, als sie selbst Kotutorin gewesen war, kennengelernt hatte. Das Haus war weiß und stand auf einem Kliff; das Meer und der Himmel spiegelten sich in seinen Fenstern. Susan hoffte, dass man ihr das Zimmer geben würde, in dem sie schon einmal gewohnt hatte, mit seiner verblassten blauen Bettdecke, seinem muschelförmigen Spiegel und seiner Vase mit getrockneten Blumen neben den weißen Muscheln auf dem Fensterbrett, im Laufe der Zeit verblichener Seelavendel – wie die Sehnsüchte und das Bedauern einer toten Frau. Das Klackern der Murmeln wurde unerträglich. Susan begab sich in den Speisewagen. Der Zug schien sehr langsam zu fahren. Sie begann sich Sorgen wegen der Zeit zu machen und wünschte, sie hätte das Angebot ihrer Gastgeber angenommen, sie am Bahnhof abzuholen.

«Fahren Sie die ganze Strecke?» fragte der Ober, während er eine Zitrone mit einem Messer mit feiner Klinge in Scheiben schnitt. Der anderen Frau war keine Zitrone angeboten worden.

"I beg your pardon?"
"Going all the way?"
"No. Not quite."
"Business or pleasure?"
Susan had never seen why she should answer that question, so often asked by strangers on a train. "A bit of both," she replied.
Again his eyelid flickered in a wink. "Ice?"
"Please." She hoped her tone matched the cubes he was dropping into her glass with his fingers, one of which was girdled with a frayed plaster. Stubble was trying to break through the red nodules of a rash on his neck; he looked as though he had shaved in cold water in the basin of the blocked toilet, with his knife. The arrival of two other customers brought their conversation to an end.

As she approached her seat with her vodka and tonic she stopped in her tracks. That woman in the fur coat had Susan's overnight bag down on the seat and was going through her things.
"What do you think you're doing?" She grabbed her furry arm; her hand was shaken from it.
"I'm just looking for a tissue."
"But that's my bag. Those are my things!"
The woman was pulling out clothes and underclothes and dumping them on the seat while the noughts and crosses clicked and clacked, tic tac toe. She scrabbled under the books at the bottom of the bag.
"Stop it, do you hear?"
"She's only looking for a tissue," said the man opposite mildly, looking up from his report.
"I'm going to get the guard. I'm going to pull the emergency cord."

«Wie bitte?»
«Fahren Sie die ganze Strecke?»
«Nein, nicht ganz.»
«Geschäftlich oder zum Vergnügen?»
Susan hatte nie verstanden, weshalb sie diese Frage beantworten sollte, die so oft von Fremden in Zügen gestellt wurde. «Ein bisschen von beidem», antwortete sie.
Wieder huschte ein Blinzeln über sein Augenlid. «Eis?»
«Ja bitte.» Sie hoffte, dass ihr Ton zu den Eiswürfeln passte, die er in ihr Glas warf – mit seinen Fingern, von denen einer mit einem ausgefransten Pflaster umwickelt war. Stoppeln versuchten die roten Knötchen eines Ausschlags an seinem Hals zu durchbrechen; er sah aus, als ob er sich mit kaltem Wasser im Waschbecken einer verstopften Toilette mit seinem Messer rasiert hatte. Die Ankunft zweier anderer Gäste beendete ihr Gespräch.

Als sie sich ihrem Platz mit ihrem Wodka und Tonic näherte, blieb sie wie angewurzelt stehen. Die Frau im Pelzmantel hatte Susans Reisetasche auf den Sitz herunter geholt und war dabei, ihre Sachen zu durchsuchen.
«Was fällt Ihnen ein?» Susan schnappte den pelzigen Arm; ihre Hand wurde abgeschüttelt.
«Ich suche nur nach einem Taschentuch.»
«Aber das ist meine Tasche. Dies sind meine Sachen!»
Die Frau zog Kleider und Unterwäsche heraus und warf sie auf den Sitz, während das «Käsekästchen» klickte und klackte, tick, tack, tock. Sie wühlte unter den Büchern am Boden der Tasche herum.
«Schluss da, hören Sie?»
«Sie sucht nur nach einem Taschentuch», sagte der Mann gegenüber sanft, indem er von seinem Bericht aufblickte.
«Ich hole gleich den Zugbegleiter. Ich ziehe gleich die Notbremse.»

The other woman's full lips shook and she started to cry.

The man took a handkerchief from his breast pocket, shook it out and handed it to her. "Have a good blow."

She did.

"I'll give you a good blow!" said Susan punching her hard in the chest, at the top of a creased *décolletage* where a gilt pendant nestled in the shape of the letter M. The lights went out. The train almost concertinaed to a stop.

"Now look what you've done, pulling the communication cord."

"I didn't touch it," Susan shouted. "What's going on? What's the matter with everybody? I didn't go near it."

She felt the woman move away, and sat down heavily on her disarranged bag, panting with affront and rage, the unfairness of it all and the fact that nobody had stood up for her. Tears were rolling down her face as she groped for her clothes and crammed them back into the bag. Marbles rolled across the table and ricocheted off the floor. The tips of cigarettes glowed like tiny volcanoes in the gloom and someone giggled, a high nervous whinny. Susan began to sweat. Rain was drumming on the windows like her heartbeats, and she knew that she had died and was to be locked for eternity in this train in the dark with people who hated her. This was her sentence: what was her crime? Battalions of minor sins thronged her memory. Her hand hurt where she had punched the woman; she sucked her knuckle and tasted blood. The lights came on. Susan screamed.

Die vollen Lippen der anderen Frau zitterten, und sie begann zu weinen.

Der Mann zog ein Taschentuch aus seiner Brusttasche hervor, schüttelte es aus und gab es ihr. « Putzen Sie nur in Ruhe. »

Das tat sie.

« Ich werde Ihnen etwas husten ! » sagte Susan und schlug ihr kräftig auf die Brust, am Rand des faltigen Ausschnitts, an den sich ein vergoldeter Anhänger in der Form des Buchstabens M schmiegte. Die Lichter gingen aus. Der Zug kam fast wie eine Ziehharmonika zum Stehen.

« Nun schauen Sie, was Sie getan haben, indem Sie die Notbremse zogen. »

« Ich habe sie nicht berührt », schrie Susan. « Was geht hier vor? Was ist nur los mit allen? Ich bin nicht einmal in ihre Nähe gekommen. »

Sie spürte, dass die Frau sich wegbewegte, und setzte sich mit Nachdruck auf ihre in Unordnung gebrachte Tasche, beleidigt und vor Wut schnaubend – so eine Ungerechtigkeit, und dass ihr niemand zu Hilfe gekommen war ! Tränen rannen an ihrem Gesicht hinunter, als sie nach ihren Kleidern tastete und sie zurück in die Tasche stopfte. Murmeln kullerten über den Tisch und sprangen vom Boden. Zigarettenspitzen glühten wie kleine Vulkane in der Dunkelheit, und jemand kicherte ein hohes nervöses Wiehern. Susan begann zu schwitzen. Regen trommelte an die Scheiben wie ihr Herzschlag, und sie erkannte, dass sie gestorben war. Dass sie auf ewig in diesem Zug eingesperrt sein würde, im Dunkeln, mit Leuten, die sie hassten. Das war ihre Strafe. Aber was war ihr Verbechen? Bataillone kleinerer Sünden drängten ihr ins Gedächtnis. Ihre Hand schmerzte an der Stelle, mit der sie die Frau geschlagen hatte; sie saugte an ihrem Knöchel und schmeckte Blut. Die Lichter gingen an. Susan schrie.

The barman stood in the doorway, his knife in his hand.

"Nearly a nasty accident," he said. "Car stalled on the level crossing."

People started to laugh and talk.

"Could've been curtains for us all," he said as the train brayed and the orange curtains at the black windows swayed as it started to move.

The woman in the fur coat came sashaying down the aisle, reeled on a marble, and plonked herself down beside Susan.

"Sorry about that little mistake, only I mistook it for my bag. They're quite similar. Here, let me help you put it up.

They swung it clumsily onto the rack, next to a dirty tapestry bag edged in cracked vinyl. Susan looked into her eyes, opaque as marbles, and perceived that she was mad. She picked up her book.

"Like reading, do you?"

"When I get the chance."

"I know what you mean. There's always something needs doing, isn't there? I expect you're like me, can't sit idle. What with my little dog, and my crochering and the telly there's always something, isn't there?"

"Crochering?" Susan heard herself ask.

"Yes, I've always got some on the go. I made this." She pulled open her lapels to show a deep-throated pink filigree garment. "It was a bolero in the pattern, only I added the sleeves."

Susan smiled and tried desperately to read, but it was too late: she saw in vivid detail the woman's sitting room, feet in pink fluffy slippers stretched out to the electric fire that was mottling her legs, the wheezy Yorkshire terrier

Der Ober stand in der Tür, das Messer in der Hand.

«Beinahe ein schrecklicher Unfall», sagte er. «Ein Auto stand abgewürgt am unbeschrankten Bahnübergang.»

Leute fingen an zu lachen und zu reden.

«Es hätte für uns alle aus sein können», sagte er, während der Zug beim Wieder-Anfahren quietschte und die orangefarbenen Vorhänge an den schwarzen Fenstern schaukelten.

Die Frau im Pelz stolzierte den Gang hinunter, glitt auf einer Murmel aus und ließ sich neben Susan fallen.

«Es tut mir leid wegen des kleinen Versehens; ich habe sie mit meiner Tasche verwechselt. Sie sind sich recht ähnlich. Kommen Sie, ich helfe Ihnen, sie zu verstauen.»

Sie wuchteten sie unbeholfen ins Gepäcknetz, neben eine schmutzige Gobelintasche mit rissigen Vinyl-Ecken. Susan schaute der Frau in die Augen, die undurchsichtig wie Murmeln waren, und begriff, dass sie verrückt war. Sie nahm ihr Buch zur Hand.

«Sie lesen gern, ja?»

«Wenn ich dazu komme.»

«Ich verstehe, was Sie meinen. Es gibt immer etwas zu tun, nicht? Ich vermute, Sie sind wie ich, können nicht untätig dasitzen. Da gibt es meinen kleinen Hund und meine Häkelarbeiten und das Fernsehen, es gibt immer etwas, stimmt's?»

«Häkeln?» hörte Susan sich selbst fragen.

«Ja, ich habe immer etwas in Arbeit. Ich habe das hier gemacht.» Sie zog ihre Jacke auseinander, um ein tief ausgeschnittenes rosarotes filigranes Kleidungsstück zum Vorschein zu bringen. «Dem Muster nach war es eine kurze Weste, ich habe noch Ärmel hinzugefügt.»

Susan lächelte und versuchte verzweifelt zu lesen, aber es war zu spät: in deutlichen Details sah sie das Wohnzimmer der Frau, ihre Füße in rosaroten flauschigen Pantoffeln zum elektrischen Kaminfeuer ausgestreckt, das ihre Beine wie

with a growth on its neck, the crochet hook plying in a billowy sea of pink and violet squares; a bedspread for a wedding present to a niece, who would bundle it into a cupboard.

She almost said, "I'm sorry about your little dog," but stopped herself in time, and before she was tempted to advise her to abandon the bedspread, the guard announced that the train was approaching her station. She gathered her things together with relief and went to find an exit. As she passed the bar the steward, who had taken off his jacket and was reading a newspaper, did not raise his head. She saw how foolish she had been to fear him.

"Thank God that's over," she said aloud on the platform as she took deep breaths of wet dark air which although the station was miles inland, tasted salty, and the appalling train pulled away, carrying the barman and the deranged woman to their mad destinations. She came out into the forecourt in time to see the rear lights of a taxi flashing in the rain. She knew at once that it was the only one and that it would not return for a long time. She saw a telephone box across the road, and shielding with her bag her hair that the rain would reduce to a nest of snakes hurried through the puddles. At least, being in the country, the phone would not have been vandalized. A wet chip paper wrapped itself round her ankles; the receiver dangled from a mess of wires, black with emptiness roaring through its broken mouth, like a washed-up handbag.

marmoriert erscheinen ließ; den asthmatischen Yorkshire-Terrier mit einer Wucherung am Hals; die Häkelnadel, die in einem wogenden Meer aus rosa- und lilafarbenen Quadraten hantierte – eine Tagesdecke als Hochzeitsgeschenk für eine Nichte, die diese in der hintersten Ecke eines Schranks verstauen würde.

Susan hätte fast gesagt «Ihr kleiner Hund tut mir leid», unterbrach sich aber rechtzeitig, und bevor sie der Versuchung nachgab, der Frau zu raten, die Idee mit der Tagesdecke aufzugeben, kündigte der Schaffner an, dass der Zug sich ihrem Bahnhof näherte. Erleichtert raffte sie ihre Sachen zusammen und ging auf die Suche nach einem Ausgang. Als sie an der Bar vorbeikam, hob der Ober, der seine Jacke ausgezogen hatte und Zeitung las, seinen Kopf nicht. Sie erkannte, wie töricht es gewesen war, sich vor ihm zu fürchten.

«Gott sei Dank, das ist vorbei», sagte sie laut auf dem Bahnsteig, als sie tief die feuchte dunkle Luft einatmete, die salzig schmeckte, obwohl der Bahnhof meilenweit im Landesinnern lag, und als der beängstigende Zug sich entfernte, der den Ober und die gestörte Frau zu ihren verrückten Vorhaben bringen würde. Sie trat gerade rechtzeitig auf den Bahnhofsplatz hinaus, um noch die Rücklichter eines Taxi im Regen aufblitzen zu sehen. Sie wusste sofort, dass es das einzige war und für längere Zeit nicht zurückkehren würde. Sie erblickte eine Telefonzelle auf der anderen Straßenseite, und indem sie mit ihrer Tasche ihr Haar abschirmte, das der Regen in ein Schlangennest verwandeln würde, eilte sie durch die Pfützen. Wenigstens würde hier auf dem Land das Telefon nicht mutwillig zerstört worden sein. Eine nasse Pommes-Frites-Tüte wickelte sich um ihre Fesseln; der Hörer baumelte an einem Kabelgewirr herab, schwarze Leere brüllte durch sein zerbrochenes Maul, wie bei einer gestrandeten Handtasche.

A pub. There must be a pub somewhere near the station that would have a telephone. Susan stepped out of the smell of rural urine and started to walk. She would not let herself panic, or let the lit and curtained windows sheltering domesticity make her feel lonely. Perhaps she could hire a car, from the pub. She imagined the sudden silence falling on the jocular company of the inn and a fearful peasant declaring, "None of us villagers dare go up to Amberley Hall. Not after dark," and a black figure in a bat-winged cloak flying screeching past the moon.

Mine host was a gloomy fellow who pointed her to a pay phone. The number was engaged. Temporarily defeated, Susan ordered a drink and sat down. It was then that she realized that her overnight bag had been transformed into a grubby tapestry hold-all with splitting vinyl trim. A cold deluge of disbelief engulfed her and then hot pricking needles of anger. She drowned the words that rose to her lips: this wasn't Hampstead. How could it have happened – that madwoman – Susan was furious with herself; she would have scorned to use the device of the switched luggage in one of her own books; and here she was, lumbered, in this dire pub, with this disgusting bag, and worse, worse, all her own things, her books – the reading... She was tempted to call it a day then, and order another drink, and consign herself to fate, propping up the bar until her money ran out and they dumped her in the street, but she made another attempt at the telephone, and this time got through. Someone would be there

Ein Pub. Irgendwo in der Nähe des Bahnhofs musste doch ein Pub sein, in dem es ein Telefon gab. Susan trat aus dem Gestank ländlichen Urins heraus und lief los. Sie würde nicht in Panik geraten oder zulassen, dass die erleuchteten und mit Vorhängen versehenen Fenster, die Häuslichkeit beherbergten, ihr das Gefühl von Einsamkeit vermittelten. Vielleicht könnte sie sich vom Pub ein Auto leihen. Sie stellte sich das plötzliche Schweigen vor, in das die fröhliche Wirtshausgesellschaft verfallen würde, und einen ängstlichen Bauern, der erklärte: «Keiner von uns aus dem Dorf traut sich nach Amberley Hall hinauf. Nicht nach Einbruch der Dunkelheit». Eine schwarze Gestalt in einem Mantel mit Fledermausflügeln würde kreischend am Mond vorbeifliegen.

Der Wirt war ein finsterer Kerl, der sie zu einem Münzfernsprecher wies. Die Nummer war besetzt. Fürs erste geschlagen, bestellte Susan etwas zu trinken und setzte sich. In diesem Moment wurde ihr bewusst, dass sich ihre Reisetasche in einen schmuddeligen Gobelinbeutel mit zerschlissener Plastikeinfassung verwandelt hatte. Eine kalte Flut von Zweifeln überschwemmte sie, und dann heiße stechende Nadeln des Zorns. Sie ertränkte die Worte, die über ihre Lippen wollten: sie war nicht in Hampstead. Wie konnte dies passieren – diese Verrückte – Susan war wütend auf sich selbst; sie hätte es verschmäht, das verwechselte Gepäck als Kunstgriff in einem ihrer eigenen Bücher zu verwenden, und nun saß sie hier fest, in diesem grässlichen Pub mit einer ekelhaften Tasche, und schlimmer, noch schlimmer, all ihre eigenen Sachen, ihre Bücher – die Lesung… Sie war versucht, es gut sein zu lassen, noch etwas zu trinken zu bestellen und sich ihrem Schicksal zu ergeben – sich an die Bar zu lehnen, bis sie kein Geld mehr hatte und man sie auf die Straße setzte – aber sie versuchte es noch einmal am Telefon und kam dieses Mal durch. Jemand

to pick her up in twenty minutes. She thought of ordering a sandwich but the knowledge of the meal, the refectory table heaped with bowls of food awaiting her, restrained her, and she sat there half listening to the juke-box, making her drink last, wishing she was at home doing something cheerful like drinking vodka and listening to Bessie Smith, or Billie Holiday singing "Good Morning Heartache".

She thought she had found her murder victim, a blonde woman with a soft white face and body and a pendant in the shape of the letter M and a stolen bag; she lolled in death, her black shoes stabbing skywards, on a cliff top lying in the thrift that starred the grass and was embossed on a threepenny bit, tarnished at the bottom of an old handbag. Threepence, that was the amount of pocket money she had received; a golden hexagonal coin each Saturday morning. The early 1950s: a dazzle of red, white and blue; father, mother and child silhouetted against a golden sunburst in a red sky like figures on a poster, marching into Utopia.

The dead woman's dress was splashed with poppies and corn – no, that was wrong – it must be black. Her mother had had a dress of poppies and corn, scarlet flowers and golden ears and sky-blue cornflowers on a white field; Ceres in white peep-toe shoes, the sun sparkling off a Kirbigrip in her dark gold hair. Her father's hair was bright with brilliantine and he wore his shirt-collar, white as vanilla ice cream, open over his jacket. Susan's hair was in two thin plaits of corn and gripped on either side with

würde in zwanzig Minuten da sein und sie abholen. Sie dachte daran, sich ein Sandwich zu bestellen, aber der Gedanke an das Essen, an den mit Schüsseln voller Speisen beladenen Tisch des Refektoriums, der auf sie wartete, hielt sie zurück, und so saß sie da, hörte mit halbem Ohr der Jukebox zu, trank langsam und wünschte sich, zu Hause zu sein und etwas Vergnügliches zu tun wie Wodka zu trinken und Bessie Smith zu hören, oder Billie Holiday, die «Good Morning Heartache» sang.

Sie glaubte ihr Mordopfer gefunden zu haben, eine blonde Frau mit weichem hellen Gesicht und Körper, mit einem Anhänger in der Form des Buchstabens M und einer gestohlenen Tasche. Sie rekelte sich im Tod – ihre schwarzen Schuhe standen himmelwärts ab – oben auf einem Kliff, mitten in den Nelken, die das Gras wie mit Sternen übersäten und zugleich auf ein oxydiertes Dreipennystück geprägt waren, das am Boden einer alten Handtasche lag. Drei Pennies, das war das Taschengeld, das sie erhalten hatte; eine goldene sechseckige Münze jeden Samstagmorgen. Die frühen fünfziger Jahre: ein Glanz von Rot, Weiß und Blau; Vater, Mutter und Kind als Silhouetten vor einem roten Himmel, durch den die goldene Sonne brach; wie Figuren auf einem Poster, unterwegs nach Utopia.

Das Kleid der toten Frau war mit Mohnblumen und Ähren bedruckt – nein, das war falsch – es musste schwarz sein. Ihre Mutter hatte ein Kleid mit Mohnblumen und Ähren besessen, scharlachrote Blumen, goldene Ähren und himmelblaue Kornblumen auf weißem Grund; Ceres in weißen offenen Schuhen, die Sonne, die auf einer Haarnadel funkelte in ihrem dunklen goldschimmerndem Haar. Das Haar ihres Vaters glänzte von der Pomade, und er trug seinen Hemdkragen, weiß wie Vanilleeis, offen über seinem Jackett. Susans Haar war zu zwei dünnen strohblonden Zöpfen geflochten, die auf beiden Seiten mit einer weißen

a white hair-slide in the shape of Brumas the famous polar bear cub. Susan sat in the pub, becoming aware that it was actually a small hotel and staring at a red-carpeted staircase that disappeared at an angle, leading to the upper guest rooms. In a flash she realized why the barman in the train had looked familiar, and blind and deaf to the music and flashing lights she sat in a waking dream.

The child woke in the hotel bedroom and found herself alone. Moonlight lay on the pillows of the double bed her parents shared. The bed was undisturbed. They had come up from the bar to tuck her in. "You be a good girl now and go to sleep. We're just popping out for a stroll, we won't be gone more than a few minutes." Her father's eyes were red – she turned her face away from his beery kiss. Her mother's best black taffeta dress rustled as she shut the door behind them. The child pulled a sweater over her nightdress and buckled on her holster and her new white sandals and tiptoed to the door. A gust of piano playing and singing and beer and cigarette smoke bellied into the bedroom. She closed the door quietly after her and slid slowly down the banister, so as not to make any noise. She was angry with them for leaving her alone. She bet they were eating ice creams and chips without her. She crept to the back door and let herself out into the street. Although she had never been out so late alone, she found that it was almost light – girls and boys come out to play, the moon doth shine as bright as day – she would burst into the café and shoot them dead – Susan saw her in the

Haarspange in der Form von Brumas, dem berühmten Polarbärenjungen, zusammengehalten wurden. Susan saß im Pub und wurde gewahr, dass es sich eigentlich um ein kleines Hotel handelte, und betrachtete die mit rotem Teppich ausgelegte Treppe, die, um die Ecke verschwindend, zu den Gästezimmern nach oben führte. In einem Geistesblitz erkannte sie, warum ihr der Ober im Zug bekannt vorgekommen war; blind und taub für die Musik und die funkelnden Lichter saß sie da in einem Wachtraum.

Das kleine Mädchen erwachte im Hotelzimmer und fand sich alleine. Mondlicht lag auf den Kissen im Doppelbett, das sich ihre Eltern teilten. Das Bett war unberührt. Sie waren von der Bar hinaufgekommen, um sie zu Bett zu bringen. «Du bist jetzt ein braves Mädchen und schläfst. Wir gehen nur für einen Spaziergang nach draußen; wir werden nicht länger als ein paar Minuten weg sein.» Die Augen ihres Vaters waren rot – sie drehte ihren Kopf von seinem nach Bier riechenden Kuss weg. Das schönste schwarze Taftkleid ihrer Mutter raschelte, als sie die Tür hinter ihnen schloss. Das Mädchen zog einen Pullover über sein Nachthemd, schnallte sich sein Pistolenhalfter um, zog seine neuen weißen Sandalen an und schlich auf Zehenspitzen zur Tür. Eine Brise von Pianospiel und Gesang und Bier und Zigarettenrauch drang schwallartig ins Zimmer. Sie schloss die Tür leise hinter sich und glitt langsam das Treppengeländer hinunter, um keinen Lärm zu machen. Bestimmt aßen sie Eis und Pommes Frites ohne sie. Sie schlich zur Hintertür und witschte auf die Straße hinaus. Obwohl sie nie zuvor so spät alleine ausgewesen war, stellte sie fest, dass es fast hell war – Mädchen und Jungs – zum Spielen hinaus – das Mondlicht sieht – wie Tageslicht aus – sie würde ins Café hineinplatzen und alle erschießen – Susan sah sie im Mondlicht, eine kleine Gestalt in einem weißen Nachthemd in der leeren

moonlight, a small figure in a white nightdress in the empty street with a gun in each hand. The café was closed.

She turned on to the path that led to the cliffs. Rough grass spiked her bare legs and sand filled her new sandals and rubbed on her heels. She holstered her guns because she had to use her hands to scramble up the steep slope, uttering little sobs of fear and rage. She reached the top and flung herself panting on to the turf. At the edge of the cliff sat two figures, from this distance as black as two cormorants on a rock against the sky. The sea was roaring in her ears as she wriggled on her belly towards them. As she drew nearer she could see the woman's arms, white as vanilla in her black taffeta dress and the man's shirt-collar. She stood up and drew her guns and took aim but suddenly she was frightened at herself standing there against the sky and just wanted them to hold her, and shoved the guns back in the holster and as she did the man put his arm round the woman's shoulder and kissed her. The child was running towards them, to thrust herself between their bodies shouting joyfully "Boo!" as she thumped them on their backs and the woman lost her balance and clutched the man and they went tumbling over and over and over and the woman's handbag fell from her wrist and went spiralling after them screaming and screaming from its open black mouth.

When the landlady, impatient at the congealing breakfast, came to rouse the family in the morning she found the child asleep, cuddled up to a holster instead of a teddy. The parents' bed was undisturbed. It seemed a shame to wake the little girl.

Straße mit einer Pistole in jeder Hand. Das Café war geschlossen.

Sie bog in den Weg ein, der zum Kliff führte. Störrisches Gras stach in ihre nackten Beine, Sand füllte ihre neuen Sandalen und rieb an ihren Fersen. Sie steckte die Pistolen ins Halfter, denn sie brauchte beide Hände, um den steilen Hang hinaufzuklettern; aus Angst und Wut stieß sie kleine Schluchzer aus. Sie kam oben an und warf sich keuchend auf den Torf. Am Rande des Kliffs saßen zwei Gestalten, aus dieser Entfernung so schwarz gegen den Himmel wie zwei Kormorane auf einem Felsen.
Das Meer dröhnte in ihren Ohren, während sie auf dem Bauch zu ihnen hin robbte. Als sie nahe herangekommen war, konnte sie die Arme der Frau sehen, weiß wie Vanille in ihrem schwarzen Taftkleid, und den Hemdkragen des Mannes. Sie stand auf, zog ihre Pistolen und zielte, aber plötzlich erschrak sie vor sich selbst, wie sie da stand, gegen den Himmel, und wollte nur, dass sie sie in den Arm nähmen. Daher steckte sie die Pistolen wieder ins Halfter, und während sie das tat, legte der Mann seinen Arm um die Schulter der Frau und küsste sie. Das Mädchen lief auf sie zu, um sich zwischen ihre beiden Körper zu werfen, und rief fröhlich « Buuh ! », als sie ihnen auf die Rücken sprang, und die Frau das Gleichgewicht verlor und nach dem Mann griff, und sie sich überschlugen und überschlugen und überschlugen, und die Handtasche der Frau von ihrem Handgelenk rutschte und in einer Spirale hinter ihnen her fiel, kreischend und kreischend mit ihrem offenen schwarzen Maul.

Als die Hotelwirtin, ungeduldig wegen des kalt werdenden Frühstücks, am Morgen hereintrat, um die Familie zu wecken, fand sie das Mädchen schlafend, an ein Halfter gekuschelt statt an einen Teddybär. Das Bett der Eltern war unberührt. Es tat ihr leid, das kleine Mädchen

She looked so peaceful with her fair hair spread out on the pillow. She shook her gently. "Where are your mummy and daddy, lovely?"

The child sat up, seeing the buckle of her new sandal hanging by a thread. Mummy would have to sew it on.

"I don't know," she answered truthfully.

*

"Susan. Hi." Tom from Amberley Hall was shaking her arm. "You look awful. Have you had a terrible journey? You must have."

"Perfectly bloody," said Susan.

"I'm afraid you've missed supper," said Tom, in the car, "but we'll rustle up something for you after the reading. I think we'd better get straight on with it if you don't mind. Everybody's keen to meet you. Quite an interesting bunch of students this time…'

His voice went on. Susan wanted to bury her face in the thick cables of his sweater. As they entered the house she explained about the loss of her bag.

"Just like Professor Pnin, eh, on the wrong train with the wrong lecture?" he laughed. Susan wished then profoundly to be Professor Pnin, Russian and ideally bald; to be anybody but herself in her creased clothes with her hair snaking wildly round her head and a tapestry bag in her hand containing the crocheted tangle of that woman's mad life.

"It was the right train," she said, "but I haven't got anything to read."

"I did get in touch with your publishers to send some books to sell, but I'm afraid they haven't

aufzuwecken. Es sah so friedlich aus mit seinem über dem Kissen ausgebreiteten hellen Haar. Sie rüttelte es sanft. «Wo sind deine Mama und dein Papa, Liebes?»

Das Mädchen setzte sich auf und sah, dass die Schnalle seiner neuen Sandale an einem Faden hing. Mama würde sie annähen müssen.

«Ich weiß es nicht», sagte es wahrheitsgemäß.

*

«Susan. Hi.» Tom von Amberley Hall rüttelte an ihrem Arm. «Du siehst schlecht aus. Hattest du eine schlechte Reise? Es hat ganz den Anschein.»

«Absolut beschissen.»

«Ich fürchte, du hast das Abendessen verpasst», sagte Tom im Auto, «aber wir werden nach der Lesung etwas für dich auftreiben. Ich denke, wir fangen lieber gleich damit an, wenn dir das nichts ausmacht. Alle sind gespannt darauf, dich kennen zu lernen. Eine ganz interessante Gruppe von Studenten dieses Mal…»

Er redete weiter. Susan wollte ihr Gesicht in den dicken Strängen seines Pullovers vergraben. Als sie ins Haus traten, erzählte sie vom Verlust der Tasche.

«Genau wie Professor Pnin, hm? Im falschen Zug mit dem falschen Vortrag?» lachte er. Susan wünschte sich jetzt aus tiefstem Herzen, Professor Pnin zu sein, russisch und idealerweise mit einer Glatze; irgend jemand zu sein, nur nicht sie selbst in ihren verknitterten Kleidern und ihrem Haar, das sich wild und schlangenförmig um ihren Kopf wand, und mit einer Gobelintasche in der Hand, die das zum Knäuel verhäkelte verrückte Leben dieser Frau enthielt.

«Es war der richtige Zug», sagte sie, «aber ich habe nichts zu lesen dabei.»

«Ich habe mich mit deinem Verlag in Verbindung gesetzt, damit sie ein paar Bücher zum Verkauf schicken,

arrived. Never mind though, some of the students have brought their own copies for you to sign so you could borrow one. Five minutes to freshen up, OK? We've put you in the same room as last time."

"No bloody food. No bloody wine. Not even any bloody books," said Susan behind the closed door of her room. She aimed a kick at the bookcase: each of those spines faded by sea air representing somebody's futile bid to hold back eternal night. Precisely five minutes later she stepped, pale, poised and professional, into the firelit room to enchant her audience.

When she had finished reading, a chill hung over the room for a moment and then someone started the clapping. As the appreciative applause flickered out, bottles of wine and glasses were brought, and the evening was given over to informal questions and discussion. A gallant in corduroys bowed as he handed her a glass.

"You're obviously very successful, Miss Vigo, or may I call you Susan? Could you tell us what made you decide on writing as a career in the first place? I mean I myself have been attempting to – "

"I wanted to be rich," interrupted Susan quickly before he could launch on his autobiography. The firelight striking red glints on her hair, and her charming smile persuaded her listeners that she was joking. "You see; I was always determined to succeed in whatever career I chose. I came from a very deprived background. My parents died tragically when I was young and I was brought up by relatives." Her lip trembled

aber ich fürchte, die sind nicht angekommen. Ach, das macht nichts: einige Studenten haben ihre eigenen Exemplare mitgebracht, damit du sie signierst. Du kannst eines ausleihen. Fünf Minuten zum Frischmachen, ja? Wir haben dir das gleiche Zimmer wie letztes Mal gegeben.»

«Kein verdammtes Essen. Keinen verdammten Wein. Nicht mal ein verdammtes Buch», sagte Susan hinter der geschlossenen Zimmertür. Sie stieß mit dem Fuß gegen das Bücherregal. Jeder dieser von der Seeluft gebleichten Buchrücken stand für den vergeblichen Versuch eines Menschen, die ewige Nacht aufzuschieben. Genau fünf Minuten später trat sie blass, gelassen, professionell in den vom Kaminfeuer erleuchteten Raum, um ihr Publikum zu verzaubern.

Als sie aufgehört hatte zu lesen, ging für einen Augenblick ein Schaudern durch den Raum. Dann begann jemand zu applaudieren. Während der anerkennde Beifall verebbte, wurden Weinflaschen und Gläser gebracht, und der Abend ging in ein formloses Frage- und Antwortspiel über. Ein Verehrer in Kordhosen verneigte sich, als er ihr ein Glas reichte.

«Sie sind offensichtlich sehr erfolgreich, Miss Vigo, oder darf ich Sie Susan nennen? Können Sie uns erzählen, was Sie dazu gebracht hat, das Schreiben zum Beruf zu machen? Ich meine, ich selber habe versucht...»

«Ich wollte reich werden», unterbrach ihn Susan schnell, bevor er sich über seine eigene Autobiographie auslassen konnte. Der Feuerschein, der ihr Haar rötlich schimmern ließ, und ihr charmantes Lächeln überzeugten ihre Zuhörer davon, dass sie scherzte. «Sehen Sie, ich war entschlossen, erfolgreich zu sein, ganz gleich, in welchem Beruf. Ich kam aus ganz einfachen Verhältnissen. Meine Eltern starben unter tragischen Umständen, als ich klein war, und ich wuchs bei Verwandten auf.» Ihre Lippen zitterten leicht;

slightly; a plaster Alsatian barked in corroboration.

"What was your first big breakthrough?"

"I was very lucky in that I met a professor at university, a dear old soul, who took an interest in my youthful efforts and who was very helpful to me professionally. He's dead now, alas." She became for a moment a pretty young student paying graceful tribute to her crusty old mentor. Most of the audience were half in love with her now.

"What made you turn to crime, as it were, Susan, instead of to any other fictional form?"

Susan's slender body rippled as she giggled, "I don't know really – I developed a taste for murder at an early age, and I've never looked back, I suppose."

"Can I ask where you get your ideas from?"

The frail orphan sipped her wine before replying.

"From 'the foul rag-and-bone shop of the heart'."

ein Schäferhund aus Gips bellte zur Bestätigung.

«Womit hatten Sie Ihren ersten großen Durchbruch?»

«Ich hatte sehr viel Glück, an der Universität einem Professor zu begegnen, einer guten Seele, der Interesse an meinen Jugend-Versuchen zeigte, und der mich in meiner Entwicklung sehr förderte. Er ist inzwischen leider verstorben.» Sie wurde für einen Augenblick zu einer hübschen jungen Studentin, die ihrem rauen alten Mentor die geziemende Hochachtung bezeigte. Der größte Teil des Publikums war mittlerweile beinahe verliebt in sie.

«Weshalb wandten Sie sich dem Kriminalgenre zu, Susan, und nicht einer anderen fiktionalen Form?»

Susans schmaler Körper bebte, als sie kicherte: «Das weiß ich eigentlich auch nicht – ich denke, ich habe früh einen Geschmack für Morde entwickelt, und ich habe mich davon nicht abbringen lassen.»

«Darf ich Sie fragen, woher Sie Ihre Ideen nehmen?»

Die zierliche Waise nippte an ihrem Wein, bevor sie antwortete.

«Aus der ‹abscheulichen Klamottenkiste des Herzens›.»

Anmerkungen

Jean Rhys

Seite 20, Zeile 6 v. u. *Femme de Ménage* – Zugehfrau
24, 16 *Manon Lescaut* – Protagonistin in Giacomo Puccinis (1858- 1924) gleichnamiger Oper
26, 3 *the stolen waters and the bread* – Sprichwörter IX, 17: «Süß ist gestohlenes Wasser, heimlich entwendetes Brot schmeckt lecker.»

Elizabeth Bowen

32, 8 *shilling* – Schilling; alte Silbermünzeinheit vor der Dezimalisierung des Währungssystems (1 Shilling = 12 Pence)
42, 16 *Serpentine* – künstlicher See im Hyde Park; in ihm ertränkte sich 1816 Harriet Westbrook, die schwangere Ehefrau Percy Bysshe Shelleys, nachdem dieser sie wegen Mary Woolstonecraft, der späteren Autorin des *Frankenstein*, verlassen hatte
46, 4 *the Dietrich* – Marlene Dietrich (1901-1992), Schauspielerin («Der blaue Engel», 1930)
46, 16 *two and eleven three* – 2 Pfund, 11 Schilling, 3 Pence

Muriel Spark

50, 9 v. u. *Inches* – angloamerikanisches Längenmaß (Zoll); 1 Inch = 2,54 cm
54, 10 *King's Cross* – einer der Londoner Fernbahnhöfe
56, 3 *Swiss Cottage* – Stadtteil im Norden Londons
56, 13 *Morrison Shelter* – im Zimmer aufstellbarer Luftschutzunterstand aus Stahl
58, 3 *Home Counties* – die unmittelbar an London angrenzenden Grafschaften
58, 9 *Cockney* – Spitzname für ‹waschechte› Londoner und ihren typischen Dialekt
66, 3 *eight shillings* – s. Anm. zu *shilling* bei Elizabeth Bowen

Elizabeth Taylor

80, 20 *heath* – Hampstead Heath, Park- und Heidelandschaft im Norden von London
80, 2 *Jacobean* – Kunststil während der Regierungszeit James' I. (1603-25)
90, 13 *Cottage Pie* – traditionelles Gericht, mit Kartoffelbrei überbackenes Hackfleisch
100, 11 *Saloon Bar* – gediegenere Räumlichkeit eines Pub

Ruth Rendell

106, Titel *Convulvulus* – Trichterwinde, beliebtes Dekor auf Porzellan und Keramik
106, 13 *Devonshire* – auch Devon; Grafschaft im Südwesten Englands
108, 13 *Dartmoor* – Moorlandschaft in Devon
110, 19 *Georgian* – klassizistischer Baustil zu Zeiten Georgs I. bis Georgs III. (1714-1820)
112, 7 v. u. *Royal Academy* – Royal Academy of Arts, Kunsthochschule und Galerie in London
122, 11 *Paddington* – einer der Londoner Fernbahnhöfe
130, 24 *Wedgwood* – Porzellan aus der von Josiah Wedgwood (1730-1795) in Staffordshire gegründeten Manufaktur
136, 26 *Poole* – Stadt in der südwestenglischen Grafschaft Dorset; Name des dort hergestellten Porzellans

Shena Mackay

164, 8 v. u. *id* – «Es»; Sigmund Freuds Bezeichung für das psychoanalytische Konzept des Unbewussten
166, 24 *Charon* – der Fährmann der griechischen Mythologie, der die Seelen der Verstorbenen in das Totenreich des Hades bringt, sofern diese einen Obolos als Fährgeld bei sich haben
166, 25 *Styx* – der Unterweltfluss der griechischen Mythologie, den die Verstorbenen mit Charons Hilfe überqueren müssen.

166, 8 v. u. *Elysian fields* – von Elysium (griech.), Insel der Seligen; in der griechisch-mythologischen Vorstellung das paradiesische Land, in das die Lieblinge der Götter entrückt werden

172, 1 *Hampstead* – nördlicher Stadtteil von London

172, 16 *Baked Beans* – weiße, in Tomatensauce gebackene Bohnen

172, 22 *«Ah, as the heart grows older it will come to such sights colder»* – Zeile aus dem Gedicht *Spring and Fall* des spirituellen Dichters Hopkins (1844-1889)

172, 26 *it is always ourselves for whom we are grieving* – Paraphrase des oben genannten Gedichts von Hopkins

174, 6 v. u. *noughts and crosses* – ein Spiel, bei dem die Mitspieler sich abwechselnd daran hindern müssen, in einem Gitter mit neun oder mehr Feldern drei oder mehr Kreise oder Kreuze senkrecht, waagerecht oder diagonal aneinanderreihen zu können; im deutschen Sprachraum u. a. als «Käsekästchen» bekannt

190, 7 v. u. *Ceres* – römische Göttin der Erde und des Ackerbaus

190, 5 v. u. *Kirbigrip* – Markenname einer Haarnadel

192, 4 v. u. *girls and boys come out to play…* – Anfang eines englischen Kinderlieds

200, 1 v. u. *«the foul rag-and-bone shop of the heart»* – Zitat einer Gedichtzeile aus William Butler Yeats' (1865-1939) *The Circus Animals' Desertion,* das sich u.a. um die Problematik schriftstellerischer Kreativität dreht

Bio-bibliographische Notizen

Elizabeth Bowen (1899-1973), eine der großen Autorinnen des 20. Jahrhunderts, wurde in Dublin als Kind anglo-irischer Eltern geboren. Sie lebte in London, Oxford und auf dem Familiengut in der irischen Grafschaft Cork. Ihre ersten Kurzgeschichten veröffentlichte sie 1923 (*Encounters*); es folgten zahlreiche weitere Erzählungen (1980 als *The Collected Short Stories* erschienen) und Romane (*The Hotel*, 1927; *Joining Charles*, 1929; *To the North*, 1932; *The House in Paris*, 1935; *The Death of the Heart*, 1938; *The Shelbourne*, 1951; *A World of Love*, 1955; *A Time in Rome*, 1960; *The Little Girls*, 1964; *A Day in the Dark*, 1965; *Eva Trout*, 1969). In ihnen beleuchtet sie mit großem psychologischen Interesse Alltag und Formen des menschlichen Zusammenlebens. Die Zeit des Zweiten Weltkriegs – die Atmosphäre in London während der Luftangriffe und die seelischen Erschütterungen, die der Krieg bewirkte – schildert sie eindringlich in *The Heat of the Day* (1949) und in den Erzählungen des Bandes *The Demon Lover* (1945). Ihre irische Herkunft und Familiengeschichte porträtierte sie in *The Last September* (1929), *Bowen's Court* (1942) und *Seven Winters* (1943). Elizabeth Bowen erhielt zahlreiche literarische und akademische Auszeichnungen.

Jane Gardam (*1928) wurde in Yorkshire geboren, studierte Literatur in London und arbeitete als Journalistin. Sie begann ihre schriftstellerische Karriere mit Kinderbüchern (*A Long Way from Verona*, 1971). Heute ist sie Autorin zahlreicher Romane und Kurzgeschichten (*Black Faces, White Faces*, 1975; *Bilgewater*, 1976; *The Sidmouth Letters*,

1980; *The Pangs of Love*, 1983; *Crusoe's Daughter*, 1985). Sie stand auf der Auswahlliste des Booker Prize (*God on the Rocks*, 1978); für ihren Roman *The Queen of Tambourine* (1991) erhielt sie den Whitbread Award. Neueste Veröffentlichungen: *Going into a Dark House* (1995); *Missing the Midnight* (1997).
Aus: *Showing the Flag* © 1990 Abacus, Lizenz von David Higham Associates, London.

Shena Mackay (*1944) wurde in Edinburgh geboren und wuchs in Kent und London auf, wo sie heute lebt. Ihre ersten beiden Romane, geschrieben im Alter von siebzehn Jahren (*Dust Falls on Eugene Schlumburger* und *Toddler on the Run*, 1964) zeugen wie ihre späteren Erzählwerke von einem Interesse am Makaberen und Unheimlichen, aber auch an ungeschönten Milieuporträts (*Music Upstairs*, 1965; *Old Crow*, 1967; *An Advent Calendar*, 1971; *Babies in Rhinestones*, 1983; *A Bowl of Cherries*, 1984; *Redhill Rococo*, 1986; *Dreams of Dead Women's Handbags*, 1987; *Dunedin*, 1992.) Ihre Kurzgeschichten sind 1994 als *Collected Short Stories* erschienen. Mit ihrem Roman *Redhill Rococo* (1986) gewann Shena Mackay den Fawcett Prize; *Orchard on Fire* (1995) stand auf der Auswahlliste des Booker Prize. Neueste Veröffentlichungen: *Death by Art Deco* (1995); *The Artist's Widow* (1998).
Aus: *Collected Short Stories* © 1994 Penguin. Lizenz von Paul & Peter Fritz, Zürich.

Ruth Rendell (*1930) wurde in Bristol geboren und begann ihre schriftstellerische Laufbahn als Journalistin, bevor sie sich der Gattung des Kriminalromans zuwandte. Seit den sechziger Jahren hat sie zahlreiche Romane und Kurzgeschichten veröffentlicht, die zum Teil fürs Fernsehen verfilmt wurden (u. a. *From Doom to Death*, 1964; *No More Dying Then*, 1971; *A Judgment in Stone*, 1977;

Talking to Strange Men, 1986; *Collected Short Stories*, 1987; *Going Wrong*, 1990; *The Copper Peacock and Other Stories*, 1991). Ihr Interesse gilt der Problematisierung von Schuldfragen, denen sie – humorvoll-ironisch – in den Gefilden zwischenmenschlichen Zusammenlebens nachspürt. Seit den achtziger Jahren veröffentlicht sie außerdem Romane unter dem Pseudonym Barbara Vine. Ruth Rendell lebt in Suffolk.
Aus: *The New Girlfriend*, © 1985 Hutchinson, London. Lizenz für diese zweisprachige Publikation vom Rowohlt Verlag. Dort ist die Erzählung in anderer Übersetzung erschienen in dem Buch *Die neue Freundin*, Copyright © 1986 Rowohlt Taschenbuch Verlag GmbH, Reinbek.

Jean Rhys (1894-1979), Pseudonym von Ellen Gwendolen Rees Williams, wurde auf den West Indies geboren und kam im Alter von sechzehn Jahren nach London, wo sie eine Ausbildung als Schauspielerin begann, die sie mangels finanzieller Mittel abbrechen musste. Bevor sie mit ihrem ersten Ehemann in den zwanziger Jahren nach Wien und Paris ging, hielt sie sich als Chorus Girl, Mannequin und Aktmodell über Wasser. Ihr erster Band mit Erzählungen, *The Left Bank and Other Stories*, erschien 1927; es folgten weitere Romane und Kurzgeschichten (*Quartet*, 1928; *After Leaving Mr Mackenzie*, 1930; *Voyage in the Dark*, 1934; *Good Morning, Midnight*, 1939), die sich mit großer Sensibilität den Problemen von Geschlechter- und Rassenkonflikten in Europa und den damaligen britischen Kolonien annehmen. Ihre heute nicht minder aktuelle Themenwahl mag mitverantwortlich dafür gewesen sein, dass Jean Rhys nach dem Ausbruch des Zweiten Weltkriegs zunehmend aus dem Blick der Öffentlichkeit verschwand, bevor sie sich mit *The Wide Sargasso Sea* (1966) erfolgreich zurückmeldete. Sie veröffentlichte danach weitere Erzählungen (*Tigers Are Better-Looking*, 1968; *Sleep It Off*

Lady, 1976) und eine unvollendete Autobiographie (*Smile, Please*, 1979).
Aus: *The Left Bank and Other Stories* (1927). Lizenz von Sheil Land Associates, London.

Muriel Spark (*1918) wurde in Edinburgh geboren, wo sie auch aufwuchs. Von 1937 bis 1944 lebte sie im heutigen Zimbabwe, bevor sie 1944 nach England zurückkehrte, um bis zum Kriegsende in der Propagandasektion des britischen Außenministeriums zu arbeiten. Schriftstellerisch widmete sie sich zunächst als Herausgeberin und Autorin der Lyrik zu, bevor sie 1957, nach ihrem Übertritt zum Katholizismus, ihren ersten Roman veröffentlichte (*The Comforters*). Religiöse Fragen ebenso wie solche zur Kunst der Fiktion gehören seitdem zu den zentralen Aspekten ihres Schreibens, das durch einen satirischen Realismus geprägt ist, den sie mit Dimensionen jenseits der Alltagserfahrung verbindet. Zu ihren bekanntesten Werken gehört *The Prime of Miss Jean Brodi* (1962). Weitere Romane sind u. a. *Memento Mori* (1959), *The Girls of Slender Means* (1963), *The Mandelbaum Gate* (1965), *The Public Image* (1968), *Not To Disturb* (1972), *The Abess of Crewe* (1974), *Loitering With Intent* (1981), *A Far Cry From Kensington* (1988) und *Reality and Dreams* (1996). Muriel Spark hat außerdem Biographien von Mary Shelley und Emily Brontë verfasst, wie auch Hörspiele und Kinderbücher. Ihre Kurzgeschichten sind in mehreren Bänden erschienen, darunter *The Go-Away Bird and Other Stories* (1958) und *Bang-Bang You're Dead and Other Stories* (1982), dem «Das Haus des Berühmten Dichters» entnommen ist. Muriel Spark hat zahlreiche renommierte Preise erhalten und wurde 1993 geadelt. Sie lebt in Italien.
Aus: *The Stories of Muriel Spark*, © Penguin. Lizenz für die Publikation des englischen Textes von David Higham Associates, London.

Lizenz für die deutsche Publikation vom Diogenes Verlag. Dort ist die Erzählung in anderer Übersetzung erschienen in: Muriel Spark, *Päng, päng, du bist tot*, Copyright © 1987 Diogenes Verlag AG, Zürich.

Elizabeth Taylor (1912-1975) wurde in Reading geboren und arbeitete als Gouvernante und Bibliothekarin, bevor sie 1947 ihren ersten Roman veröffentlichte (*At Mrs. Lippincote's*). Ihr gesamtes Werk beobachtet auf subtile Weise die Lebenswelt englischer Frauen der ländlichen Mittelklasse (*Palladian*, 1946; *A View of the Harbour*, 1947; *A Wreath of Roses*, 1949; *A Game of Hide and Seek*, 1951; *The Sleeping Beauty*, 1951; *Angel*, 1957). In ihren späteren Erzählungen tritt ein stark formelles Interesse hervor (*Hester Lilly*, 1954; *The Blush*, 1958; *A Dedicated Man*, 1965; *The Devastating Boys*, 1972).
Aus: *A Dedicated Man*. © 1965 by Elizabeth Taylor. Lizenz durch die Agentur Mohrbooks, Zürich.

Virginia Woolf (1882-1941) wurde in London geboren. Sie zählt zu den bedeutendsten Schriftstellerinnen der klassischen Moderne. Traumatische Erlebnisse in ihrer frühen Jugend – beide Elternteile und zwei ihrer Geschwister starben vor ihrem zwanzigsten Lebensjahr – trugen zu einem zeitlebens labilen Gemütszustand bei. Wie ihre Schwester, die Malerin Vanessa Bell, gehörte sie zu den zentralen Figuren des avantgardistischen Bloomsbury-Kreises. Mit ihrem Mann, Leonard Woolf, gründete sie 1917 mit der Hogarth Press einen Verlag, der zum Forum modernistischer Literatur wurde und u.a. auch die englische Ausgabe Sigmund Freuds herausgebracht hat. Sie arbeitete zunächst als Literaturkritikerin und -dozentin, bevor sie sich 1915 mit ihrem ersten Roman, *The Voyage Out*, ans Licht der Öffentlichkeit wagte. Ihre folgenden Romane und Erzählungen streben in zunehmendem Maße nach einer Erneuerung

dieser literarischen Formen. Die sie beschäftigenden Themen der Subjektivität und Zeitlichkeit menschlicher Erfahrung und Identität finden eine formelle Entsprechung in ihrer Technik des Bewusstseinsstroms (*Night and Day*, 1919; *Monday or Tuesday* (Kurzprosa, 1921); *Jacob's Room*, 1922; *Mrs Dalloway*, 1925; *To the Lighthouse*, 1927; *Orlando*, 1928; *The Waves*, 1931; *The Years*, 1937; *Between the Acts*, 1941). Gleichzeitig geht es in ihren Texten, die auch ein umfangreiches essayistisches Werk sowie mehrere Brief- und Tagebuchbände umfassen, immer auch um Fragen der Geschlechterordnung und der weiblichen Kreativität (*A Room of One's Own*, 1929), sowie um deren Verhältnis zum Politischen (*Three Guineas*, 1938). 1941 nahm Virginia Woolf sich das Leben.
Die Erzählung *The Searchlight* steht in dem 1944 postum erschienenen Band *A Haunted House and Other Stories.*

Indicios pánicos, número 12

La habian traído del Perú en cuatro días de viaje en ferrocarril. Durante la travesía vio los pastos, la arena roja, el polvo, polvo, polvo que se arrastraba por los caminos y quedaba suspendido del aire. Muchos indios en las estaciones, callados y tenebrosos. Después otra vez el sol y la tierra. Luz seca, hambre, indio y polvo.

Ya en la ciudad, la pusieron en medio de un banco de la plaza.

Cuando dos viejos se sentaron en el mismo, ella se corrió gentil hacia un extremo. Quedó entcantada con lo que vio desde el banco de la plaza: la fuente, con sus ángeles verdes de moho y cabezas de dragones silbantes entre las piernas, palomas comilonas que ronroneaban como máquinas, los juegos de los niños y los reflectores de noche, iluminando el perfil del héroe montando a caballo, los días de fiesta. Se

Sind Sie, liebe Leserin, lieber Leser, mit diesem Buch gut zurechtgekommen? Haben Sie vielleicht nur bei vertrackten Passagen die Übersetzung gebraucht?

Dann sind Sie im Englischen ziemlich weit fortgeschritten.

Wer das ist, kennt meistens noch andere Fremdsprachen oder interessiert sich dafür.

Darum bringen wir auf den letzten Seiten des Druckbogens diesmal eine spanisch-deutsche Leseprobe. Aus dem Band dtv 9320 Cuentos brevísimos / Spanische Kürzestgeschichten, ausgewählt und übersetzt von Erna Brandenberger, und zwar eine Erzählung von Cristina Peri Rossi, geboren 1941 in Montevideo / Uruguay.

Angstzeichen, Nummer 12

Man hatte sie in einer viertägigen Bahnreise aus Peru hergebracht. Während der Fahrt sah sie die Weiden, den roten Sand, den Staub – Staub und nochmals Staub, der über die Straßen strich und in der Luft hängen blieb. Viele Indios auf den Bahnhöfen, alle schweigsam und finster. Dann wieder nur Sonne und Erde. Trockenes Licht, Hunger, Indios, Staub.

In der Stadt setzte man sie auf eine Bank auf dem Hauptplatz.

Als zwei alte Männer sich auf die gleiche Bank setzten, rückte sie höflich zur Seite. Alles was sie von der Bank auf dem Platz aus sah, entzückte sie: der Brunnen mit den grünspanüberzogenen Engelsfiguren und den wasserspeienden Drachenköpfen zwischen ihren Beinen, die gefräßigen Tauben mit ihrem eintönigen Gurren, die Kinderspiele und die nächtlichen Scheinwerfer, die an Festtagen das Reiterstandbild des Nationalhelden beleuchteten. Ruhig und

quedó en la plaza, tanquilísima. Fue poniéndose azul, como las calles y la niebla al caer la tarde, pero de todas maneras él volvía a colocarla en el banco de la plaza, cada mañana, mientras fumaba y esperaba detenido en la esquina. Las medias que traía del Perú quedaron violetas, moradas con el frío y el vestidito azul plisado se puso un poco largo, un poco laxo, si vamos a ver, pero ella conservaba su expresión de muchacha emocionada por el descubrimiento de la ciudad, y las dos trenzas flojas y lacias que le caían a los costados con ingenuidad. Nunca nadie la levantó del banco, pero él siguió poniéndola allí con insistencia. Ella se conformaba con mirar mientras él, paciente como indio que era, esperaba fumando en la esquina roma y redonda de la plaza. Le habían dicho que era negocio, que bastaba con traerla a la ciudad y ponerla ahí, sentada como una paloma en la mitad del banco y él lo creyó y lo seguía creyendo aunque por una extraña razón no sucediera. Cuando se cansó había pasado mucho tiempo. Las medias estaban completamente violetas y sus manos moradas. Como un tornado el invierno había caído sobre la ciudad, derrumbando cúpulas y carteles; los papeles volaban por la plaza como estorninos en repliegue y muy temprano el aire azul y neblinoso se hacía de la noche como un color que viniera desde el cielo esfumándolo todo, convirtiéndolo en hielo.

En ferrocarril volvieron al Perú, él fumando, ella soñando.

still saß sie da. Wenn der Abend dämmerte, verschwamm ihre Gestalt im bläulichen Dunst über den Straßen, aber jeden Morgen setzte er sie wieder auf die Bank, derweil er in einer Ecke rauchte und wartete. Die Strümpfe, die sie von Peru mitgebracht hatte, verfärbten sich in der Kälte dunkelrot und violett, und das blaue plissierte Kleidchen hing schon etwas schlaff und zu lang an ihr herab, aber immer noch staunten ihre Augen entzückt beim Entdecken der Stadt, und immer noch baumelten zwei lockere Zöpfchen unschuldig neben ihren Schläfen. Niemand bat sie je, von der Bank aufzustehen, aber er setzte sie mit großer Beharrlichkeit jeden Tag wieder hin. Sie begnügte sich damit, umherzuschauen, während er geduldig – wie es Indios sind – an der Rundung am Rand des Platzes wartete und rauchte. Man hatte ihm gesagt, es werde ein Geschäft, es genüge, sie in die Stadt zu bringen und wie eine Taube mitten auf die Bank zu setzen. Er hatte es geglaubt und glaubte es immer noch, obwohl es aus unersichtlichem Grund nicht geschah. Als er es müde wurde, war schon viel Zeit verflossen. Die Strümpfe waren schon ganz violett und die Hände dunkelrot vor Kälte. Wie ein Wirbelsturm war der Winter über die Stadt hereingebrochen und hatte Kuppeln und Plakatwände weggerissen; Papierfetzen wehten über den Platz wie Stare auf dem Rückzug, und sehr früh verschwamm der bläuliche Dunstnebel mit dem nächtlichen Dunkel, das sich vom Himmel herabsenkte und alles zu Eis erstarren ließ.

Mit der Bahn fuhren sie nach Peru zurück; er rauchte, sie saß traumverloren da.

Fremdsprachen lernen und Literatur lesen – das kann man mit Hilfe der zweisprachigen Reihe des dtv. Auch wer Zeitungen, Fachbücher und Krimis ohne Schwierigkeiten im Original liest, profitiert – bei Literatur – vom Parallelruck. Selbst wenn er nicht mit jedem Vorschlag der Übersetzer einverstanden ist. (Vielleicht gerade dann; ganz abgesehen von Fehlern, die bei den versiertesten Übersetzern vorkommen und die aufzuspießen ein höheres Vergnügen ist.)

Ein aktuelles Verzeichnis der Reihe dtv zweisprachig kann beim Verlag angefordert werden.

Deutscher Taschenbuch Verlag
Friedrichstraße 1a, 80801 München